I0391722

PIERRE DE LANO

LES BALS TRAVESTIS
ET LES
TABLEAUX VIVANTS
SOUS
LE SECOND EMPIRE

25 AQUARELLES
PAR
LEON LEBEGUE

H. SIMONIS EMPIS
EDITEUR
PARIS
1893

LES

BALS TRAVESTIS

OUVRAGES DU MÊME AUTEUR

LE SECRET D'UN EMPIRE :

L'Impératrice Eugénie, 1 vol. (Victor-Havard, Éditeur) . . .   3 50

La Cour de Napoléon III, 1 vol. (Victor-Havard, Éditeur) . · 3 50

LA COMMUNE :

Journal d'un Vaincu, 1 vol. (Victor-Havard, Éditeur). . . .   3 50

Les Bals travestis et les Tableaux vivants sous le Second
Empire (Illustré de 25 aquarelles hors texte, par *Léon
Lebègue*), 1 vol. (H. Simonis Empis, Éditeur)   15   »

EN PRÉPARATION :

L'Empereur (*Napoléon III*).

La Société Parisienne sous le Second Empire.

Le Prince Impérial.

Tous droits littéraires et artistiques absolument réservés.

PIERRE DE LANO

LES
BALS TRAVESTIS

ET LES

TABLEAUX VIVANTS

SOUS LE SECOND EMPIRE

ILLUSTRÉ DE VINGT-CINQ AQUARELLES HORS-TEXTE

PAR

LÉON LEBÈGUE

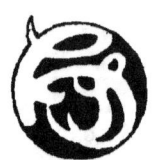

PARIS

H. SIMONIS EMPIS, ÉDITEUR

2, RUE CHÉRUBINI, 2

1893

Tous droits réservés.

―――――

Il a été tiré, de cet ouvrage,
cinquante exemplaires sur papier du Japon, numérotés à la presse,
avec signature autographe de l'auteur.

―――――

A *Félicien Champsaur*.

Mon vieil ami,

Tu es le chroniqueur des gentilles, pimpantes et malignes femmes parisiennes qui, sous la troisième République, tiennent le sceptre de la grâce, de l'amour, et ce sont encore des reines dans un temps où les reines — comme les fleurs des arbres, au printemps — tombent et jonchent la terre.

D'aucuns veulent bien penser que je suis un peu le chroniqueur des femmes du Second Empire — de ces femmes qui, elles aussi, furent tout charme, toute passion, et qui restent comme les initiatrices, comme les mères-grands de celles qui brillent actuellement.

Il y aurait donc, entre tes peintures et les miennes, quelque rapprochement.

Puisque mes « Femmes de Cour » et mes « Femmes d'Amour » m'ont paru te plaire, t'intéresser, laisse-moi, mon vieux camarade, te les offrir — oh, bien honnêtement : elles ont des cheveux blancs, aujourd'hui! — et mettre ce livre d'Histoire anecdotique sur nos quinze années d'amitié; — tel un soldat pose un cachet de cire sur la lettre qu'il adresse à un compagnon d'armes qui combat loin de lui, pour la même cause que lui.

PIERRE DE LANO.

Paris, novembre 1892.

LES

BALS TRAVESTIS

SOUS LE SECOND EMPIRE

FEMMES DE COUR. — FEMMES D'AMOUR

En trois chapitres spéciaux de mes précédents livres sur le Second Empire, *l'Impératrice et l'Exotisme*, *l'Empereur et les Femmes*, *les Petits Jeux de l'Impératrice*, j'ai déjà eu l'occasion de parler du personnel féminin des Tuileries, me réservant, d'ailleurs, de reprendre mon sujet et de le compléter.

Ces divers chapitres ont soulevé quelque émotion parmi les lecteurs et principalement parmi les survivants, nombreux encore, de la Cour impériale. En les relisant, il me paraît cependant que je n'ai point dépassé les limites de toute réserve; il me paraît, au contraire, que dans un esprit de délicatesse que l'on comprendra, je suis demeuré, selon l'expression d'un

1

ancien familier des Tuileries qui n'a point de raison
pour être injuste, « très au-dessous de la réalité ».

J'ai entretenu le public, déjà et surtout, des femmes
appartenant à la famille de l'empereur Napoléon III, des
femmes politiques qui brillèrent aux Tuileries et quelque peu, mais sans les portraiturer toutefois, des mondaines proprement dites qui prêtèrent à la Cour cette
apparence de légèreté et d'impudeur pour laquelle
l'Histoire demeurera sévère. C'est donc des mondaines
habituées des Tuileries, et du mouvement de plaisir
qu'elles déterminèrent autour de l'Empereur et de
l'Impératrice qu'il va être question ici ; c'est aussi de
quelques autres femmes qui restèrent en dehors de la
Cour, mais qui surent avoir sur Napoléon III une
influence considérable et fameuse, que je vais m'occuper.

Le goût des charades et des tableaux vivants, le
goût de l'épice dans les plaisirs, à la Cour, remonte au
lendemain de la guerre d'Italie ; mais la société du Second Empire ne se livra réellement à cette débauche
de joies qui devait l'emporter, qui devait la ruiner
dans sa chair et dans son esprit, qu'après les événe-
ments de 1866, qu'après Sadowa. Ce fut alors, à la
Cour et à la ville, comme un déchaînement de passions contenues, comme une curée d'amour et de bonne

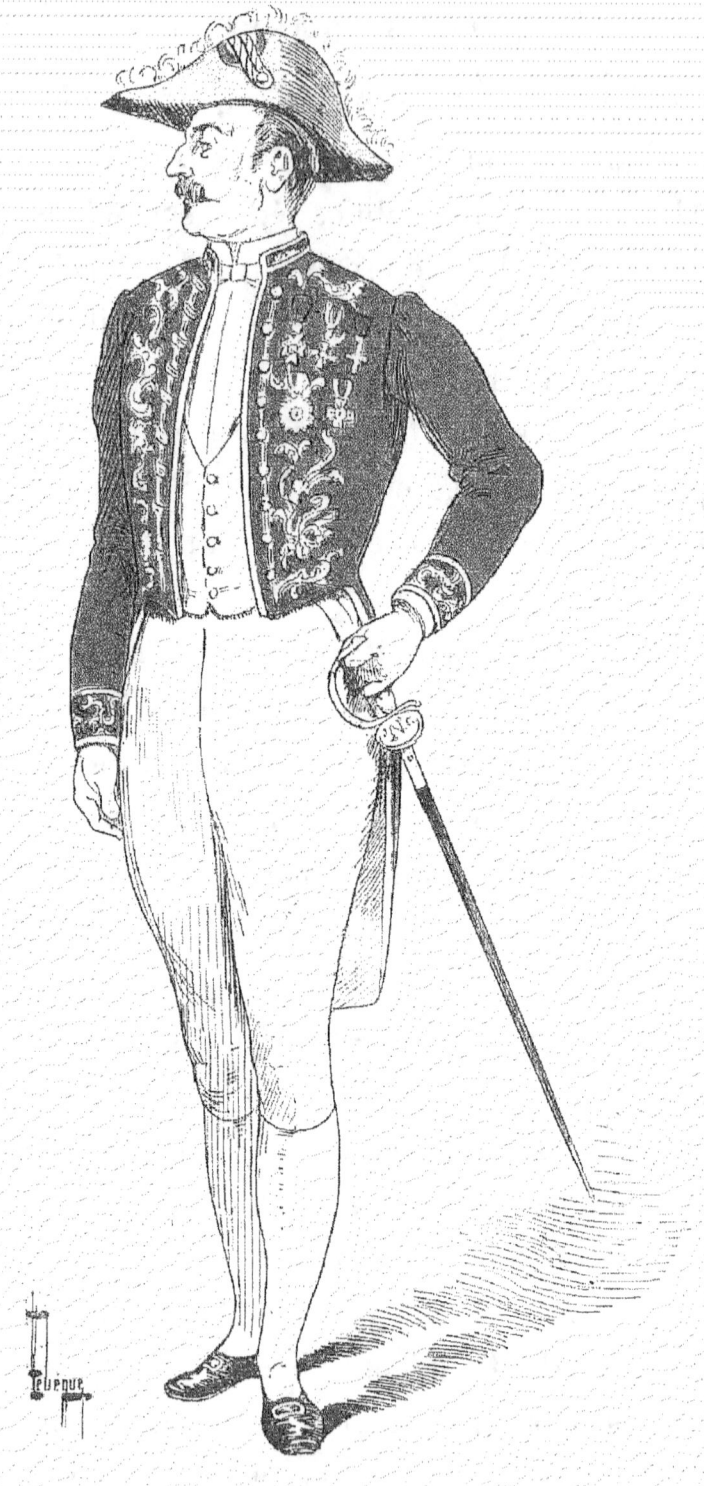

Costume des Chambellans de l'Empereur.

chère, comme la licence de l'alcôve et de la table.

La femme du Second Empire, je l'ai dit, demeure comme la personnification très caractérisée de l'époque qui la vit s'épanouir, qui la vit régner et la classification méthodique même qui la particularisa, alors, la met d'avantage en relief, la rend plus accessible à l'observateur que la femme d'aucun autre temps, que la femme de la première partie de ce siècle, par exemple, ou que celle de notre actualité — que celle surtout d'aujourd'hui qui se trouve un peu sans étiquette et perdue, dans le flot envahissant des élégances et des perversités, dans le nivellement et dans la communion des instincts. Cette classification était, en effet, bien établie sous le Second Empire; le cercle des femmes était fort bien marqué, fort restreint et en dehors de ce cercle il eût été puéril de chercher quelque individualité désirable. Il y avait les femmes du monde dont l'étiquette non disqualifiée, non vulgarisée disait la qualité dans tout son absolu. Il y avait les femmes du demi-monde qu'il ne faut pas confondre avec celles que, présentement, nous nommons ainsi. Les femmes du demi-monde, sous le Second Empire, étaient des femmes dont la naissance, dont l'éducation et dont la fortune étaient souvent égales à la fortune, à l'éducation et à la naissance des femmes de la première catégorie, mais qui, à la suite d'incidents

personnels, intimes ou publics, s'étaient trouvées
rejetées du milieu auquel elles avaient appartenu.
et qui tenaient maison à côté des salons les plus fer-
més. Il n'était pas aisé, même, de franchir leurs portes,
et leurs réunions avaient le ton et la marque des assemblées de bonne compagnie. On pratiquait peut-être
l'amour, chez les demi-mondaines d'alors, avec moins
d'austérité apparente, avec moins de voiles que chez
les mondaines et dans l'aspect ordinaire des choses, ce
détail seul indiquait la différence qui existait entre
elles.

Ainsi qu'aujourd'hui, et plus bas dans l'échelle so-
ciale, il y avait aussi, sous le Second Empire, les femmes dont l'amour est l'exclusif métier, la nécessaire
occupation, celles à qui l'on donna ce nom qui est
resté « les cocottes », mais qui, en se généralisant,
ne saurait nous rendre l'idée de ce que furent encore
les courtisanes d'hier. Les cocottes du Second Empire
n'avaient ni éducation, ni naissance; elles sortaient,
le plus souvent, des coulisses des petits théâtres où
elles figuraient, ou bien elles venaient en droite
ligne des faubourgs; mais recherchées par une société
d'hommes plus choisis que les viveurs modernes,
moins nombreuses que celles qui leur ont succédé,
elles avaient une attitude, elles avaient, dans l'enchaî-
nement de leurs aventures, comme une marque spé-

ciale qui les faisaient moins banales. Dans un affinement auquel elles n'étaient point rebelles, vers lequel elles tendaient même, elles rivalisaient, parfois, d'élégance et de tenue avec les mondaines, avec les démi-mondaines et leurs équipages, au Bois, allaient de pair, par la correction, avec les leurs. Il y a loin, on le voit, de cet exposé du personnel féminin du Second Empire à celui qu'on pourrait faire des femmes d'aujourd'hui. Autant et plus même que sous le Second Empire, la femme actuelle est jolie, désirable, luxueuse. Mais elle a subi je ne sais quelle transformation; mais elle s'est, si je puis ainsi parler, tant dépensée, tant offerte, mais il semble que les idées démocratiques qui sont les nôtres l'aient tellement vulgarisée et modifiée, qu'il serait fort malaisé d'en déterminer le classement. La mondaine, en notre temps, c'est-à-dire la grande dame, devient rare; il en existe encore quelques spécimens que l'on se montre comme un phénomène comme un vivant anachronisme. Elle n'est d'ailleurs presque plus de notre époque, ayant des cheveux blancs et ses filles ou ses petites-filles s'en vont, avec la cohue qui s'amuse, vers la grande fontaine où tous boivent la même eau. Quant à la demi-mondaine, elle n'est plus : le Second Empire l'a entraînée dans son effondrement. La cocotte est légion, partant sans état civil.

Les mondaines, sous le Second Empire, compre-
naient en outre deux catégories : célles qui allaient à
la Cour et célles qui n'y étaient point reçues, ou plutôt
qui ne s'y rendaient que sur invitation spéciale et
lors, seulement, des grandes soirées officielles. Mais
en dehors des Tuileries, la plupart de ces femmes
qui formaient entre elles comme une sorte de franc-
maçonnerie de salons, se mêlaient, se retrouvaient et
se fréquentaient. Des préjugés, des opinions ou des
conventions de famille, simplement, et le plus souvent, les empêchaient de se réunir ordinairement autour des souverains et elles reprenaient à la ville leur
liberté, leurs amitiés, ainsi que leurs obligations de
maîtresses de maison.

La Cour, d'ailleurs, donnait le ton à la ville, et les
femmes, même, qui boudaient les Tuileries, ou que
les Tuileries ne voulaient pas — mais ces dernières
étaient fort peu nombreuses, — copiaient les fêtes, les
joies qui enfiévraient le château et calquaient leurs
réceptions, leurs élégances, leurs amours, leur vie
entière sur l'existence habituelle de l'Empereur, de
l'Impératrice et sur celle de leurs familiers. Le
duc de Larochefoucauld, en dépit de la maussaderie
qu'il opposait à la politique impériale, en dépit des
regrets que provoquait en lui une inactivité de com-
mande, n'offrit-il point à la société parisienne un bal

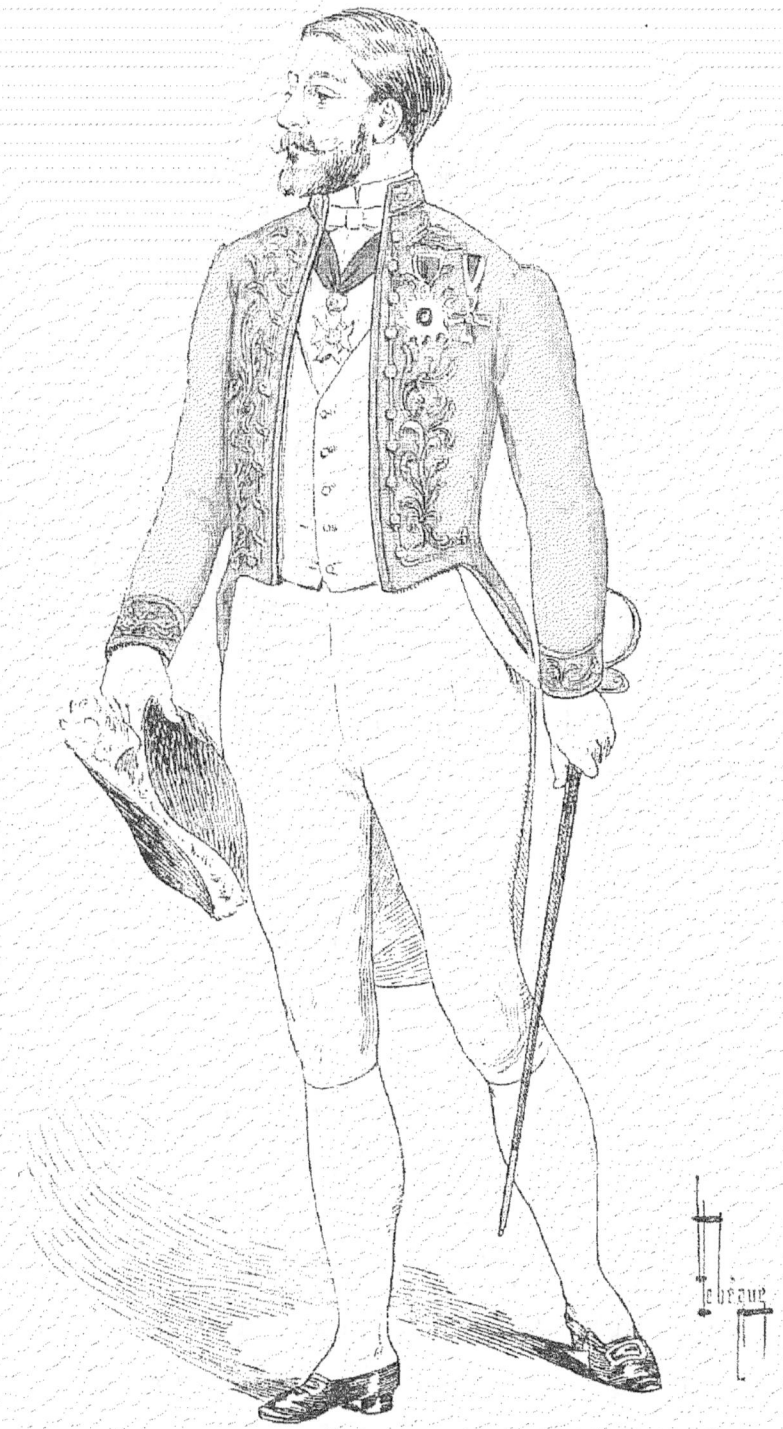

Costume des Chambellans de l'Impératrice.

travesti qui eut tout l'éclat, toute la liberté et tout le retentissement des bals des Tuileries, des ministères ou des ambassades? Et si je cite cette réception, c'est qu'elle indique une tendance d'esprit général dans le monde du Second Empire, une tendance d'esprit qui emportait la société tout entière, sans distinction de parti, vers un but unique, vers le plaisir, vers la satisfaction de tous les appétits, vers la possession de toutes les ivresses, vers l'absolu de toutes les passions. Un frisson de volupté secouait d'ailleurs, alors, les clans divers de la société, et des musiques charmaient toutes les oreilles, et des folies entraient dans tous les sens.

Parlant des femmes du Second Empire, je ne puis oublier ici un fait d'histoire mondaine fort intéressant.

Il y eut, sous le Second Empire, plusieurs tentatives faites, dans la société des Tuileries et dans le monde parisien, en vue d'acclimater chez nous des réunions spéciales de femmes élégantes, sous l'étiquette consacrée de « clubs. » Et, en effet, pendant un temps, ce fut, parmi les mondaines, comme un amusement nouveau qui les occupa — ce qu'on pourrait nommer le « jeu du club. »

C'est alors qu'un peu de tous les côtés, des coteries s'organisèrent sous différentes appellations et que des femmes se rassemblèrent pour des causeries, pour des promenades, pour des dîners, en dehors de toute initiative masculine, loin de la compagnie des hommes.

La plupart de ces clubs, d'ailleurs, n'eurent qu'une existence éphémère. Leur organisation était basée sur une abstraction mondaine trop absolue pour avoir chance de réussite, et sous le Second Empire, si l'on avait beaucoup de défauts, on n'avait point encore celui d'être « fin de siècle. »

On a dit qu'un « Club des Boiteuses » a fonctionné sous le Second Empire et dans ses dernières heures. Mais nulle part, dans les notes particulières concernant cette époque, dans les chroniques même, dans les lettres personnelles échangées entre grandes mondaines, pas plus que dans le souvenir de celles d'entre elles qui vivent encore et que j'ai consultées maintes fois, ce club ne se trouve mentionné.

On peut penser, s'il exista, qu'il ne fut qu'une très peu importante tentative d'une coterie de deuxième ordre, et que pas une des femmes qui contribuèrent à son recrutement n'était assez classée pour en imposer l'originalité.

Il y aurait de bien amusantes pages à écrire sur les clubs de femmes du Second Empire, réunions que l'on a essayé de faire revivre depuis, sans y apporter les suprêmes sélections qui les caractérisèrent jadis.

Sans vouloir ici m'attarder sur ce sujet, je puis cependant rappeler qu'il y eut, avant la guerre, à Paris, un club fameux de femmes dont les titulaires étaient presque exclusiment choisies dans la société des Tuileries.

Ce fut le *Club des Laides*, que l'on a sans doute confondu avec le *Club des Boiteuses* et qui eut pour fondatrice et pour présidente Mme la princesse de Metternich.

Le Club des Laides eut son moment de célébrité et d'influence, et pour la justification de son nom, il se trouva, en effet, que plusieurs femmes élégantes, mais peu favorisées physiquement, en firent partie. Mais il ne s'y rencontra point que des visages disgracieux, et l'on peut presque dire que, peu de temps après sa formation, le Club des Laides — ainsi que dans une spirituelle antithèse — n'eut plus de « laid » que le nom.

La guerre dispersa cette réunion ; mais après la chute de l'Empire, sous le gouvernement de M. Thiers et sous le Septennat même de M. le Maréchal de Mac-Mahon, je crois, la plupart des femmes qui en avaient fait partie se rassemblèrent de nouveau et réorganisèrent ce club sous une étiquette neuve : *le Club des Loutonnes*.

J'ai raconté ces choses, déjà, et j'ai ajouté ce détail qu'alors les femmes se montrèrent moins cruelles aux hommes que sous le Second Empire et les admirent

auprès d'elles. C'est ainsi qu'elles en firent des « Lou-
tons. »

On m'a rapporté une très drolatique anecdote relative aux clubs de femmes, sous le Second Empire.

L'un des plus brillants officiers de la Maison de
l'Empereur avait une femme charmante qu'il adorait
et à laquelle il ne permettait que peu d'écarts mondains.

Cependant, enhardie par l'attitude plus libre des
femmes qu'elle fréquentait, la jeune épouse se laissa
enrôler dans un de ces clubs dont je viens de parler.

Le mari ne dit rien tout d'abord et attendit son
heure pour faire comprendre à sa compagne le déplaisir qu'elle lui causait. Et ce fut d'une manière fort
spirituelle et fort originale qu'il lui exprima ce
déplaisir.

Mettant à profit une courte absence de sa femme, il
métamorphosa complètement sa chambre. Il fit trans-
porter dans l'appartement de madame tout un aména-
gement à usage d'homme et encombra le sien de tous
les bibelots qu'il en retira.

Puis, lorsqu'il apprit le retour de sa compagne, au
lieu d'aller la chercher à la gare, il s'enferma.

La jeune femme ne fut pas peu étonnée, à son arri-
vée, de constater le déménagement opéré en son absence et son étonnement n'eut plus de bornes lors-

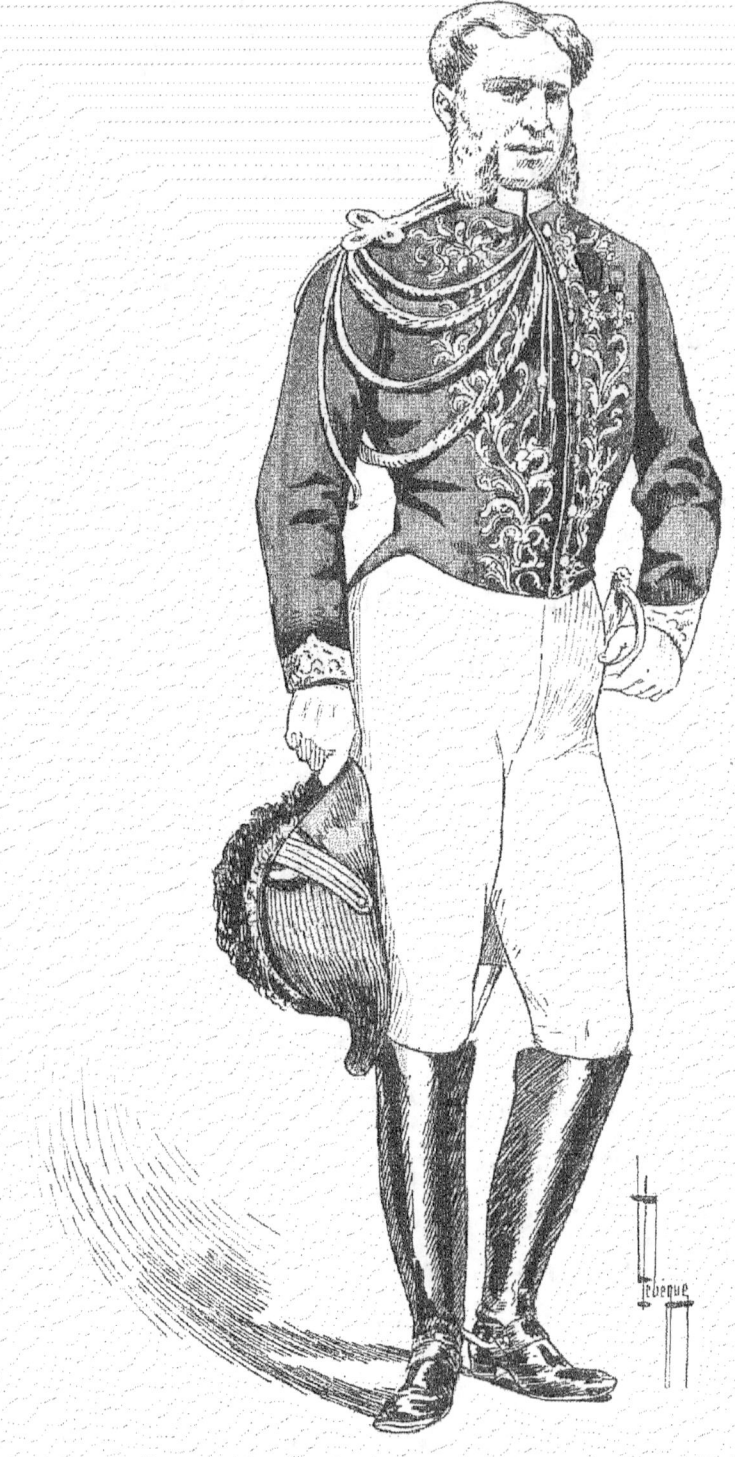

M. le marquis de Caux, Ecuyer de l'Empereur.

qu'ayant ouvert la porte de la chambre de son mari,
elle le trouva en peignoir, assis devant un métier à
tapisserie, et très occupé de son travail.

— Mon pauvre ami, s'écria-t-elle, êtes-vous devenu
fou?

— Non, répliqua le pauvre ami, je ne suis pas fou;
mais puisque, ma chère, vous avez changé de sexe, il
ne peut vous déplaire que je m'essaie à perdre le mien
également. Je joue les Pénélope.

La leçon fut excellente. La jeune femme comprit
toute la peine qu'elle infligeait à son mari, en même
temps que tout le ridicule qui la couvrait et elle « dé-
missionna » à son Club.

L'histoire ressemble peut-être à un conte de fées.
Mais ne renferme-t-elle point la moralité des clubs de
femmes?

Je viens de dire qu'autour des femmes du Second
Empire s'agitait une réunion d'hommes plus choisis
que les viveurs d'aujourd'hui. Les hommes de ce temps
eurent, en effet, ainsi que les femmes une allure très
particulière. Tout en vivant dans le même vertigineux
tourbillon de fête, ils vivaient mieux ou plutôt parais-
sent avoir donné à l'aspect public de leurs heures une
marque moins banale. Sans beaucoup d'intelligence, ils
étaient infiniment gracieux et séduisants, on ne peut

le méconnaître, et dans la sélection à laquelle ils s'appliquaient, ils s'emparaient davantage de l'esprit et du cœur des femmes. Le public ne les aima point; mais ils n'eurent, malheureusement pour l'Empereur, jamais le souci de se faire aimer du public et les fautes qu'ils commettaient, et le mépris dont ils frappaient la foule ne les troublaient guère.

Les hommes à bonnes fortunes furent nombreux, sous le Second Empire, et d'un ordre social parfait, répondant merveilleusement à la qualité des femmes qui les agréaient. Ils portèrent loin leurs amours et leur faste; le scandale même ne les effraya point; mais ils furent élégamment licencieux, toujours, mais ils ignorèrent sans cesse la basse et publique obscénité des viveurs qui les ont remplacés.

Ils furent égoïstes, ils furent cruels dans leurs satisfactions et après avoir eu le courage ou le cynisme de toutes les démences dans le bonheur, ils n'eurent point la bravoure de faire face au danger dans les revers, lorsqu'ils se présentèrent. Mais tout en flétrissant leur attitude, tout en déplorant leur frivolité, ne peut-on, dans l'inconscience qui les caractérisait, trouver une excuse à leur conduite? Ils furent les amants magnifiques dont toute la force est réservée à la femme; ils furent les joueurs irresponsables d'une destinée qu'ils croyaient sereine; ils furent les parasites affinés d'une société malade et inintellectuelle; ils furent les héros d'une décadence trompeuse dans son éclat; ils furent les railleurs des philosophes attristés. L'oubli, le blâme leur sont dus, mais non la haine, car pour me servir de la parole évangélique, en vérité, ils ne surent ce qu'ils faisaient.

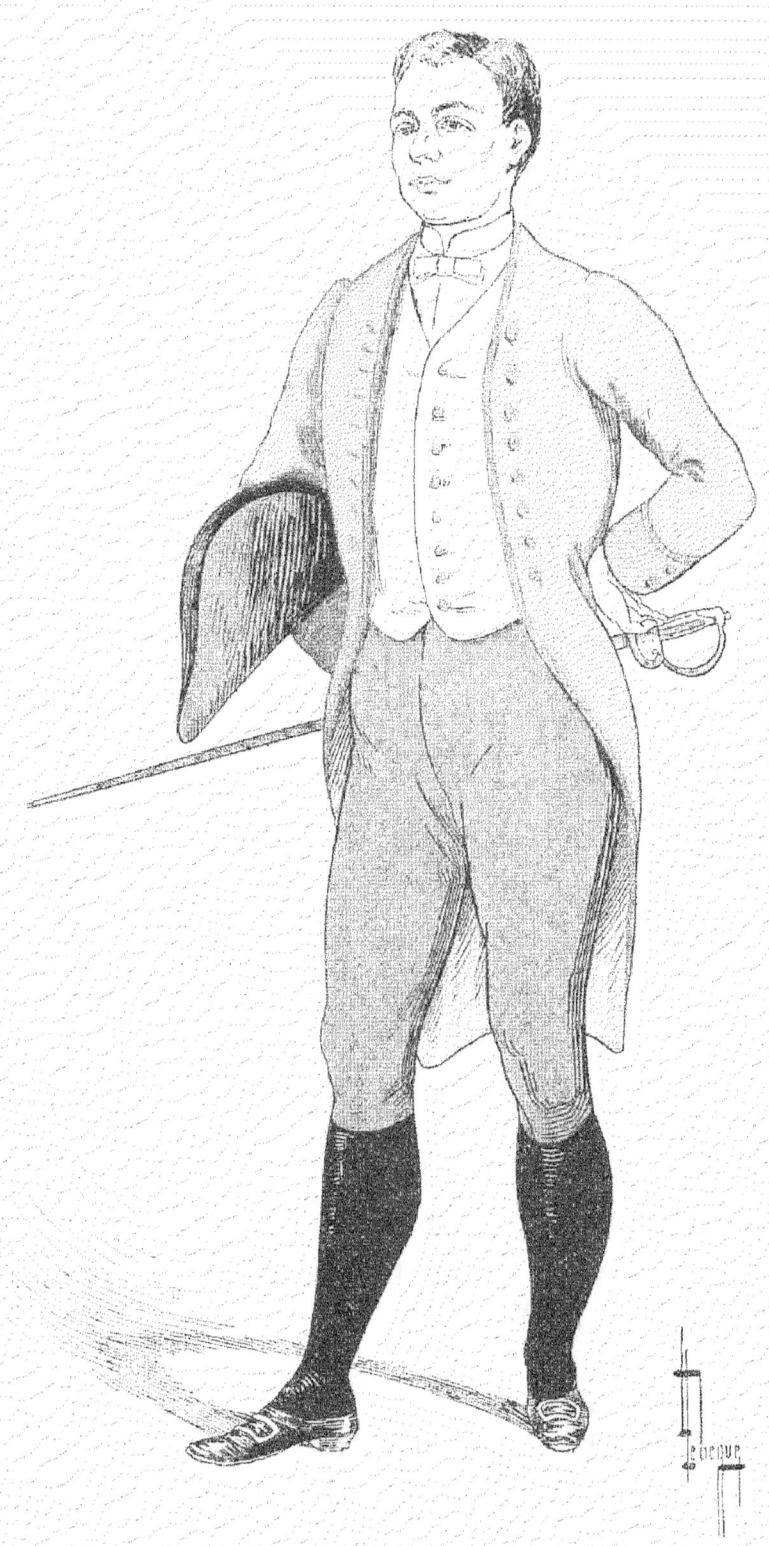

Costume des Huissiers de Cour.

BALS TRAVESTIS ET TABLEAUX VIVANTS

L'Epoque impériale reste, je l'ai déjà dit, comme la
représentation du plaisir dans ce qu'il a de plus fou,
dans ce qu'il a de plus brillant. Il serait vain, en
effet, de contester que le Second Empire mit à son
ordre du jour la joie, attacha à son char triomphal
bientôt passé, le rire.

Parmi toutes les mondanités de ce temps, les bals
travestis et les tableaux vivants sont demeurés comme
l'une de ces curiosités qui attirent, retiennent, exaltent
l'imagination, comme l'une de ces choses faites de
réalité et de rêve, vite apparues, vite vécues, dont on
parlera souvent avec le regret de ne les avoir point
connues, de n'en avoir point partagé le charme subtil,
l'ivresse élégante. Non seulement dans la mémoire du
monde tout spécial qui forma l'entourage de l'empe-

reur Napoléon III et celui de l'impératrice Eugénie,
mais encore dans l'esprit du public, les bals travestis
et les tableaux vivants sont l'objet de particulières
préoccupations. On s'en entretient, on les apprécie,
on les commente, comme l'on ferait d'un fait histo-
rique considérable et non sans raison, peut-être, puis-
qu'ils donnèrent au Second Empire la physionomie
frivole et cynique qui lui est tant reprochée. Mais
ceux-là mêmes qui assistèrent à ces fêtes, s'ils se les
rappellent assez pour les redire, sont pour la plupart
impuissants à les retracer littérairement, et il résulte
de ce retour négatif dans l'au-delà, que la génération
actuelle les ignore dans ce qu'elles eurent de licencieux et d'artistique splendeur, il faut le déclarer
aussi.

Les érudits, les chercheurs, les lettrés, tous ceux
qu'intéresse une reconstitution d'art ou d'histoire, se-
ront heureux sans doute de voir renaître, comme en
une lanterne magique, les belles dames et les beaux
seigneurs des impériales fêtes, et c'est dans le but de
les satisfaire que je vais tenter l'exhumation de ces
bals ainsi que de ces tableaux, où les plus gracieuses
et les plus amoureuses, parmi les femmes, où les plus
galants parmi les hommes, se mêlèrent en des décors
paradisiaques, en des féeries d'or, de satin et de ve-
lours, en l'oubli de ce qui n'était point eux, égoïstes

certes, mais égoïstes comme la jeunesse qui, même dans ses péchés, est charmante.

On ne saurait m'accuser d'être l'apologiste du Second Empire. Cependant, je ne puis m'empêcher de reconnaître que ce fut un temps très aimable que celui où tant de grâces, où tant de fines mondanités se rencontrèrent pour mettre un peu de poésie — de poésie légère et sensuelle — sur la prose lourde des heures habituelles.

Je laisse, ici, toute récrimination aux moroses et dans la vision de cette Cour impériale si chatoyante, si spirituelle même, dans sa matérialité, mais si imprévoyante, je trouve je ne sais quel charme qui captive le regard ainsi que l'imagination, je ne sais quelle jouissance mélancolique d'artiste. Je reste devant cette Cour, devant le souvenir de son éclat, devant sa joie et son rire non interrompus, jusqu'au coup de foudre final, comme devant le rire, comme devant la joie d'une troupe d'enfants en leurs ébats, et nulle amertume, nulle maussaderie ne s'éveillent en moi.

Je songe à cette Impératrice si belle, si adulée, si gaie; à ces femmes qui l'entouraient, si délicatement jolies, si suprèmement affinées; je songe à cet Empereur très rêveur, très énigmatique et très bon; à ces hommes, cavaliers hardis et superbes qui l'escortaient; à ce pauvre petit prince caressant qui s'en est allé

mourir sous l'atteinte de quelques brutes. Et sincèrement, devant cette rapide évocation de jours loin-
tains que traversa l'éclair des batailles, de jours qui
agonisèrent dans les clameurs et dans le sang, j'éprouve
cette émotion qui saisirait un artiste devant la toile
d'un maître qu'un rustre déchirerait et jetterait, en
morceaux, à tous les vents.

Les bals travestis les plus célèbres qui eurent lieu,
sous le Second Empire, furent avec celui que donna
M. le duc de la Rochefoucauld et dont il a été question
au début de ce livre, le bal de l'hôtel d'Albe, organisé
de toutes pièces par l'Impératrice ; le bal de la du-
chesse de Bassano, aux Tuileries ; les bals des Affaires
étrangères, sous l'administration du comte Walewski ;
les bals de la Marine, avec le marquis de Chasseloup-
Laubat ; le bal de l'hôtel Metternich, offert à l'Impératrice par la princesse, son amie ; et enfin quelques
autres fêtes ayant eu pour théâtre les Tuileries.

Il serait long et fastidieux de les décrire tous. Le
plus fameux, le bal de l'hôtel d'Albe, nous les rendra
dans leur physionomie générale.

On sait que l'hôtel d'Albe, aujourd'hui disparu,
était situé aux Champs-Elysées et s'étendait, avec ses
jardins, à l'angle même de l'actuelle avenue de l'Alma.

L'impératrice Eugénie fut l'inspiratrice de la fête

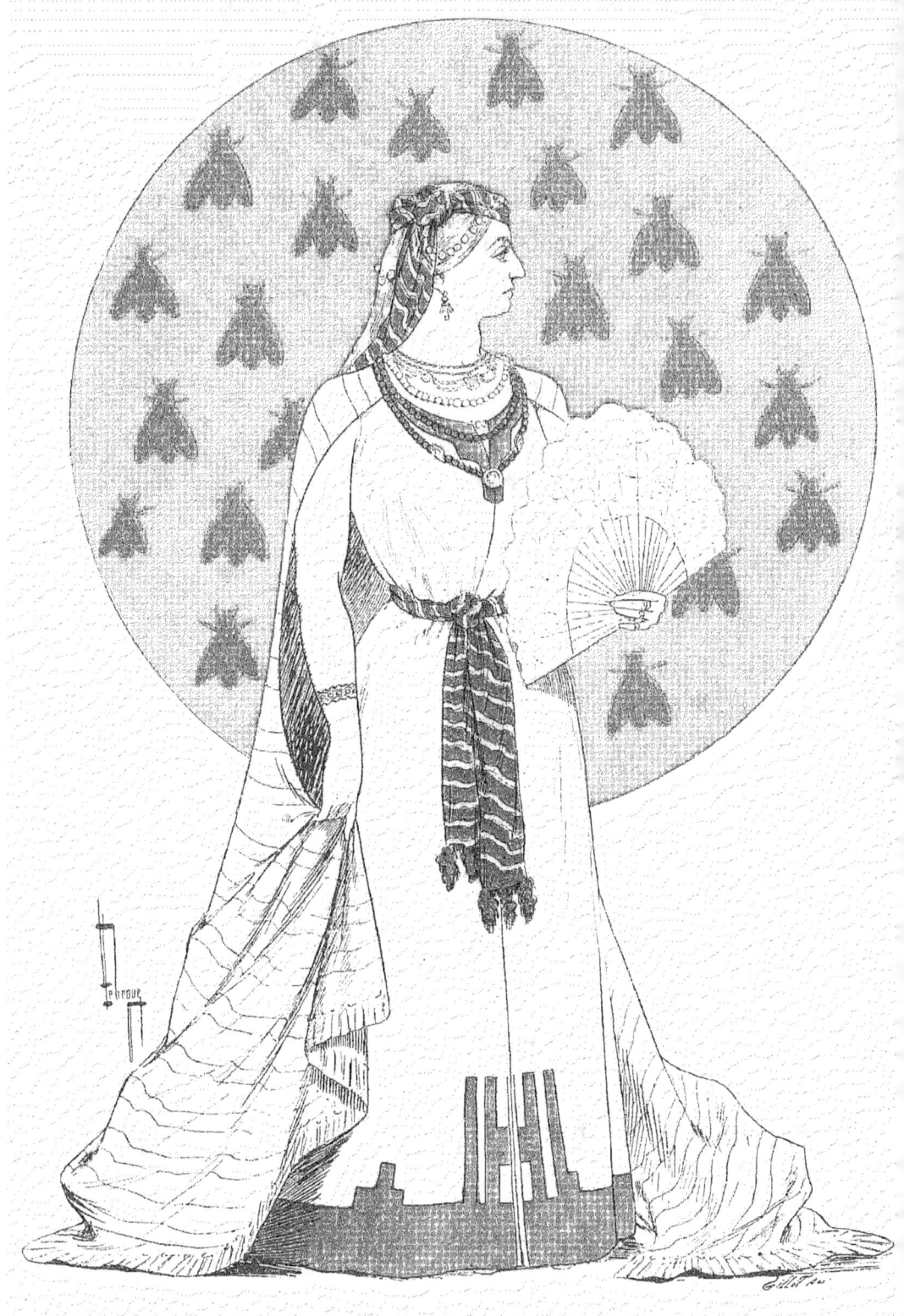

Costume de Bohémienne, porté par l'Impératrice, en un bal du Ministère des Affaires Etrangères.
(D'après un document original.)

qui devait s'y tenir et cette fête fut merveilleuse.

On descendait dans le parc par un magnifique escalier à double rampe et il avait été décidé que les tables du souper seraient dressées dans le jardin même, sur les pelouses. Mais pour exécuter ce plan, selon les désirs de la souveraine, il eût fallu détruire les écuries ainsi que d'autres bâtiments et jeter bas une partie des communs de l'hôtel.

Ce projet très coûteux, trop lent dans sa réalisation, fut remplacé par un autre plus simple, plus rapide, mais tout aussi somptueux: MM. Rubé et Chaperon, décorateurs de l'Opéra, furent chargés de transformer les jardins, et bientôt le parc entièrement couvert et entouré par des arcades peintes au travers desquelles on voyait, en trompe-l'œil, toute une succession de bosquets et de paysages, offrit un aspect magique.

L'hôtel même se trouvait encadré par cette décoration et l'escalier disparaissait sous d'admirables tapisseries d'Orient qui étaient la propriété de l'Impératrice.

Tout le long des bosquets et des paysages, des femmes formant des groupes ou isolées, et représentant dans toute une vivante réalité, des nymphes, des naïades, aux cheveux poudrés d'argent et d'or, se tenaient en des attitudes étudiées; des femmes encore, en costume de page, faisaient le service de la salle à manger réservée aux souverains et à leurs plus intimes amis et circulaient dans les salons ou dans les galeries couvertes des jardins, pour l'utilité des invités.

Lorsqu'il fut question de la toilette que l'Impératrice et quelques femmes de son entourage, adopteraient pour ce bal, il y eut d'interminables·discussions.

L'Impératrice ayant choisi un costume de Diane, tout fut mis en œuvre pour la satisfaire et le carquois, les cothurnes, la ceinture ornementée d'or massif, furent confiés au ciseleur Fanières. Cependant, la jeune femme ne revêtit pas ce travestissement. Lorsqu'elle l'essaya, on lui fit comprendre que, malgré la jupe de gaze qui l'accompagnait, ce costume était peu convenable pour elle. Elle se résigna à son abandon et prit, dès lors, un simple domino blanc qu'elle échangea d'ailleurs plusieurs fois dans la soirée, contre d'autres dominos de nuances diverses.

Ce bal, je le répète, fut splendide, et le coup d'œil de l'escalier envahi par tous ces hommes et par toutes ces femmes parés et masqués — masqués du loup seu-seulement — donnait l'impression d'une saisissante évocation d'un conte de fées.

Le grand succès de cette fête fut pour le jeune comte de Choiseul qui, ayant eu la pensée gamine de se vêtir en femme — en·une sorte de soubrette Louis XV, — fut méconnaissable et joua si bien son rôle que plusieurs galants le poursuivirent de leurs assiduités et de leurs déclarations pendant fort longtemps avant et après le souper.

Le bal de l'hôtel d'Albe resta dans la mémoire de tous, et les bals qui le suivirent n'en furent, en somme, que la copie.

L'un d'eux donna, cependant, prétexte à un fait sensationnel qu'il est intéressant de mentionner.

L'une des femmes de la Cour, un soir, aux Tuileries, se présenta d'une manière fort spéciale.

Costumée en japonaise, elle arriva en palanquin porté par des mondains travestis en mandarins, et lorsqu'on la déposa sur le seuil du château, elle apparut dans toute la séduction et dans toute la légèreté de vêtements des marchandes de sourires, habituées des bateaux de fleurs.

L'une des femmes le plus en renom sous le Second Empire, Mᵐᵉ la comtesse de Castiglione, se montra dans ces diverses fêtes sous de très multiples aspects: en religieuse chez la baronne de Mayendoff; en romaine aux Tuileries; en dame de cœur aux Affaires étrangères; en une sorte de travestissement qu'elle affirma être la reproduction de la tenue des reines d'Etrurie, aux Tuileries encore.

Ce dernier costume lui valut d'être l'héroïne d'un incident de salon.

Comme elle passait, un poignard à la main, son beau bras nu étalant sa splendeur sculpturale le long de son corps, elle se trouva en face de Mme Gorschakoff — une russe fameuse, aussi, qui eut sa célébrité en Salammbô — et celle-ci lui décocha cette épigramme :

— Ah, madame, quel adorable costume de reine détrônée vous avez là !

Pour comprendre le mot de Mme Gorschakoff, il est nécessaire de dire qu'à cette époque l'étoile de la comtesse de Castiglione était en son déclin. Ce mot fit fortune et courut dans les salons au grand désespoir de la belle italienne.

Mme de Castiglione était coutumière, d'ailleurs, d'aventures, et d'aventures parfois fort peu agréables.

J'ai raconté comment M. Caro devint amoureux d'elle après l'avoir vue chez Mme de Mayendoff, en religieuse.

Toute une histoire se rapporte à cette exhibition.

Sous la direction de la comtesse Stéphanie Tascher de la Pagerie, une fête de bienfaisance devait avoir lieu chez Mme de Mayendoff, et Mme de Castiglione fut priée d'y prendre part en qualité de figurante dans les tableaux vivants qui étaient très à la mode.

Dans le même temps, il arriva qu'un journal, sur la foi d'une indiscrétion, annonça que la comtesse paraîtrait en effet, mais dans une presque complète nudité.

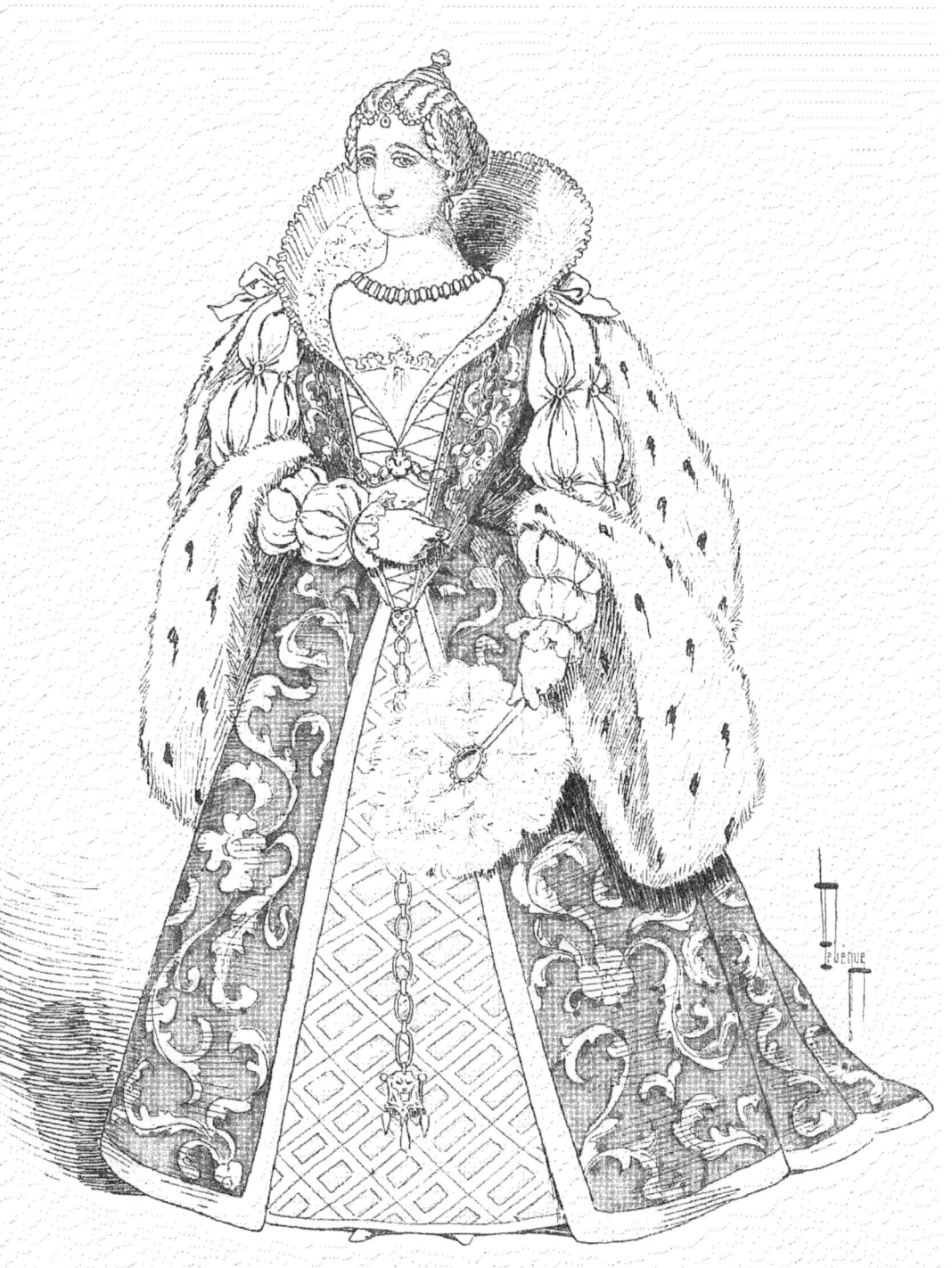

Costume de Dogaresse, porté par l'Impératrice, aux Tuileries.
(D'après un document original.)

C'est alors que, pour donner un démenti aux propos
qui l'atteignaient, elle résolut de se montrer aussi vêtue
que possible, ne laissant même point voir ses mains
qu'elle avait admirables, et qu'elle choisit le costume
de religieuse qui avait tant ému M. Caro.

Ce costume était, en vérité, très suggestif, ainsi qu'on
dit aujourd'hui. Entièrement noir, il enveloppait la
comtesse de façon à ne permettre de deviner aucune
de ses formes; les mains ramenées l'une sur l'autre
et couvertes des vastes plis des manches, disparais-
saient également et seul le visage, austèrement encadré
d'un capuchon rapproché des tempes, était apparent.
Une large croix blanche, sur l'épaule, prêtait simplement quelque impression de coquetterie à ce travestissement.

Le soir de la représentation, comme le secret de ce
costume avait été rigoureusement gardé, comme on
s'attendait à voir M*** de Castiglione dévêtue ainsi qu'on
l'avait affirmé, lorsqu'elle apparut dans sa tenue sévère,
il y eut, au fond du salon où avaient lieu les tableaux
vivants, un coup de sifflet qui demeura toujours
anonyme. A la suite de cet outrage, la comtesse se
retira et resta pendant une semaine enfermée dans sa
maison de Passy, couchée en des draps noirs orne-
mentés d'argent et éclairée, seulement, par quelque
veilleuse.

En romaine, dans un bal aux Tuileries, Mme de Castiglione fut moins cruelle aux regards du public.

Ce soir là, elle se montra nue presque, la chevelure dénouée et tombant sur les épaules. Sa robe, fendue sur le côté, laissait apercevoir la jambe sans maillot, et les pieds, posés sur de minces sandales, portaient en leurs doigts des bagues de grand prix.

Ce fut à ce bal, que Mme de Castiglione fit oublier l'étiquette et que l'on monta sur des chaises, sur des banquettes, pour la voir, lorsqu'elle traversa les salons au bras du comte de Flamarens.

Son costume de dame de cœur, aux Affaires étrangères, ressemblait un peu à celui que porte la dame de ce nom, dans les cartes à jouer. Il était plus sobre de plis et avait plus de ligne, plus de collant et sur la poitrine offrait comme un symbole, aux amoureux et aux romanesques, un mignon cœur en rubis que protégeaient deux minuscules épées à la garde de brillants.

L'Impératrice ne se montra que rarement travestie. Elle parut, en bohémienne, aux Affaires étrangères; en dogaresse, parée des diamants de la Couronne, aux Tuileries, et en Junon chez Mme de Metternich. Son rang ne lui permettait guère que le domino, sous lequel d'ailleurs elle s'amusait à intriguer. Le pauvre M. Caro fut on se le rappelle, l'une des victimes de sa malignité.

Mme la princesse de Metternich fut de celles qui osèrent le plus dans leurs costumes. Elle s'habilla, à Compiègne, en cocher de fiacre, pour une revue du marquis de Massa, et en diable noir, pour un bal aux Tuileries.

Dans son costume de cocher de fiacre, elle chanta des couplets dont la citation suivante donnera une idée, non pas littérairement, mais au point de vue de la légèreté qu'elle recherchait avec tant d'obstination.

> Parfois, en modeste toilette,
> Je conduis d'assez grand matin,
> De belles dames en cachette
> Dont le but paraît incertain.
> Tantôt sur la place on m'arrête
> Et je charge un couple amoureux.
> La dame a la jambe bien faite,
> Le monsieur paraît fort heureux.
> — Monsieur, Madame, à quel endroit?
> Du coin de l'œil on se concerte.
> — Allons où la campagne est verte;
> Allons où la fougère croît.
>
> . . . .
>
> Le samedi survient et, crac,
> Pour la noce il faut que j'attelle;
> Et nous allons en ribambelle
> Faire trois fois le tour du lac.
> En rentrant j'ouvre la portière
> Et souvent dans l'intérieur,
> J'ai retrouvé la jarretière
> De la demoiselle d'honneur...

Cet extrait d'une chanson qui fut applaudie à la Cour

paraîtra peut-être fade à la génération actuelle; mais,
sous le Second Empire, si on était peu rebelle aux
exhibitions audacieuses, on faisait volontiers l'oreille
prude devant les mots. Or, Mme de Metternich seule,
pouvait se permettre alors de dire, devant l'Impératrice,
les refrains du marquis de Massa et ceux qui avaient
la vogue dans les cafés concerts. Plus tard, quand elle
eut familiarisé la Cour avec toute licence, les femmes
de l'entourage impérial l'imitèrent et ce fut aux Tuileries, à Compiègne et à Fontainebleau, comme une
émulation canaille — qu'on me pardonne cette expression — comme un écho ininterrompu des polisson-
neries de la rue.

Mme de Metternich était laide et se vantait de sa laideur. Mais elle était bien faite et dans son travestissement de diable noir, elle fit voir ses jambes moulées
dans un maillot sortant d'une jupe courte surmontée
d'un corsage décolleté. Une toque cornue la coiffait
malicieusement.

Dans un bal aux Tuileries également, il y eut un
tableau que l'on nomma le Ballet des Abeilles. Mmes la
comtesse Molitor, la princesse Troubetzkoï, Magnan, de
Lostende, la comtesse de Lépine et la baronne de Vatry
se chargèrent de représenter ce tableau qui fut l'un
des plus séduisants de tous ceux qui réjouirent la
Cour. Chaque femme fut enfermée et amenée dans une

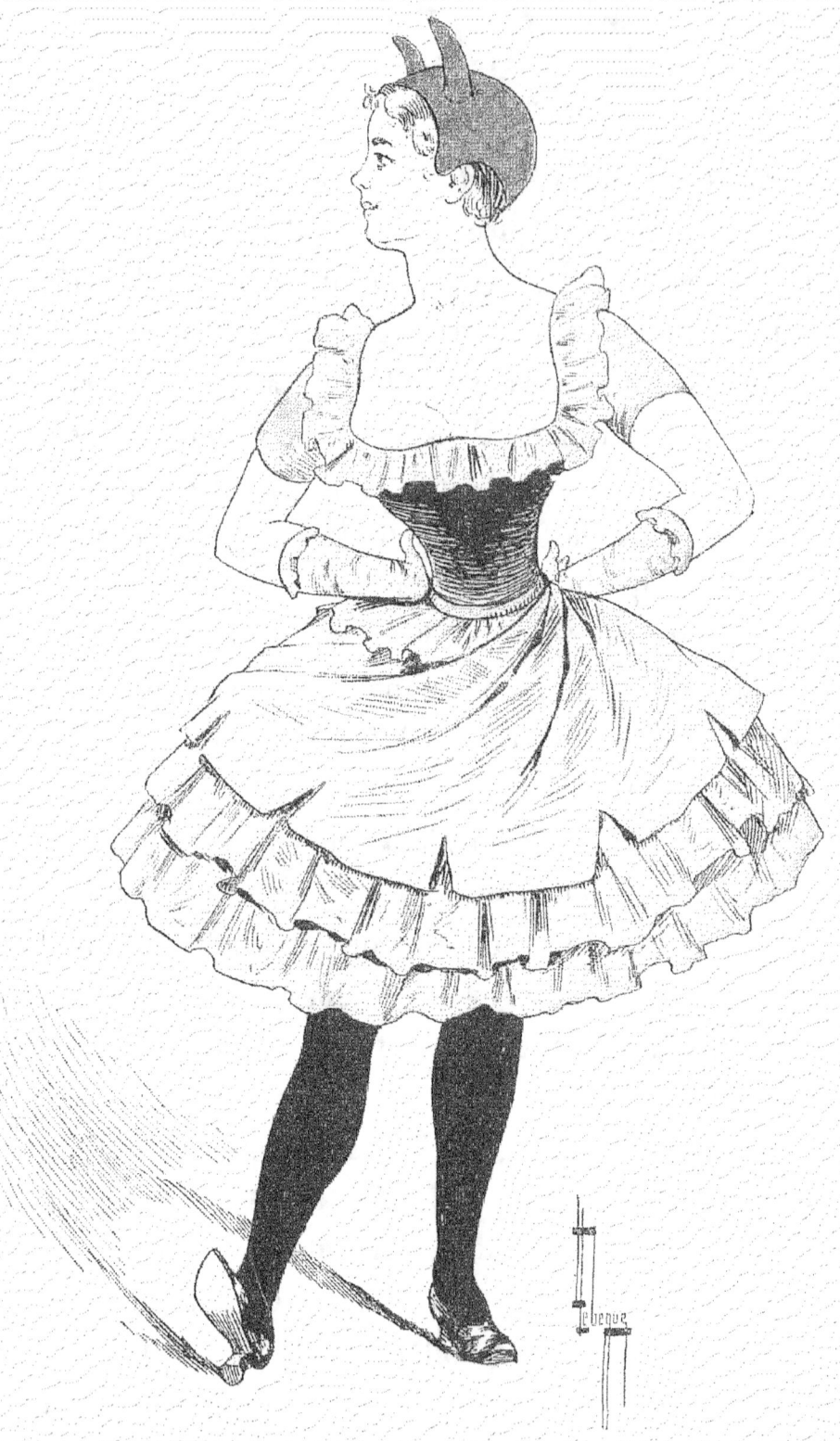

Costume de Diable noir, porté par Mme la princesse de Metternich, aux Tuileries.
(D'après un croquis original.)

ruche en paille dorée et à un signal, toutes ensemble sortirent de leur prison. Ce fut éblouissant. Très décolletées, les jambes dans un maillot et se perdant dans une jupe écourtée de danseuse, le corsage dessinant la taille et scintillant de toutes les couleurs de l'abeille, les actrices improvisées firent sensation.

Mme la comtesse de Pourtalès, parente de l'ancien ambassadeur de Prusse en France, fut l'une des femmes de l'entourage de l'Impératrice qui se montrèrent le plus volontiers et le plus souvent, dans la séduction du travestissement. Le costume qui lui fit presque une célébrité fut celui qu'elle revêtit au bal de Mme de Metternich. Elle y vint en almée et fut en effet acclamée. Son vêtement, en vérité, méritait d'être remarqué. Prise tout entière dans un maillot couleur chair, elle était voilée d'une jupe de gaze lamée d'or retenue à la taille par une ceinture ornée de pierreries, et son corsage qui s'appliquait à rendre tous les reliefs de la poitrine, était en étoffe précieuse. Ses pieds étaient protégés par des babouches qui valaient une fortune et sur sa tête cliquetaient des sequins.

Ce fut Mme Gorschakoff et non Mme de Castiglione, comme le conte la légende, qui parut aux Tuileries dans le costume de Salammbô, dans ce costume fameux qui fit scandale et qui, actuellement encore, est l'objet de tant de discussions et entretient la chronique.

Mme Gorschakoff était une russe qui eut, sous le Second Empire, un renom d'élégance sinon de beauté. Admirablement faite, elle n'était point belle, en effet, et portait sur son visage le caractère du type cosaque. Elle vint à Paris, y établit un salon, et quoique séparée de son mari qu'on ne vit jamais, elle réussit à se faire un cercle mondain et à être reçue aux Tuileries ainsi qu'en diverses maisons très fermées. Elle fut, un instant, la rivale de Mme de Castiglione qui la jalousait et qu'elle jalousait. Mais dans cette lutte elle devait être vaincue. Le salon de Mme Gorschakoff prêtait à la médisance, peut-être simplement à la calomnie ; les hommes l'aimaient, car il présentait une liberté d'allures et de propos qui les amusait et la comtesse de Castiglione, mettant à profit cette apparence équivoque, dans la tenue de maison de sa rivale, entreprit contre elle une guerre sans merci.

Elle eut son triomphe quand Mme Gorschakoff s'étant, un soir, présentée chez Mme de Metternich, se vit forcée de quitter les salons de l'Ambassade d'Autriche.

C'était quelque temps après l'exhibition du costume de Salammbô. Mme de Metternich, en apercevant Mme Gorschakoff au milieu de ses amies, alla vers son mari et à très haute voix, désignant la russe, fit cette question :

— Quelle est cette femme et qui l'a invitée à venir ici?

Mme Gorschakoff entendit la phrase et ne bougea point. Mais M. de Budberg s'étant incliné devant elle, après avoir conféré avec Mme de Metternich, et lui ayant offert son bras, elle comprit et se retira.

Elle se vengea de cette aventure en donnant à ses réceptions une allure plus bruyante et en faisant, de ses réunions, comme des sortes d'assemblées hostiles à la société des Tuileries.

Mme Gorschakoff avait donc paru au château, dans le costume de Salammbô et dans une nudité presque complète qui mettait merveilleusement en relief sa face un peu sauvage de cosaque. La tète coiffée à la manière des sphinx ou des filles d'Egypte, le corps habillé simplement d'un maillot et les reins à peine voilés par une écharpe de gaze qui s'enroulait autour d'elle, à la façon du serpent sacré jouant avec l'enfant d'Amilcar sur les terrasses de Carthage, lorsque sortant d'un manteau de fourrures noires, elle s'était avancée, un cri avait jailli autour d'elle. Elle avait eu, ce soir-là, à la Cour, un succès égal à celui qu'avait obtenu Mme de Castiglione en romaine, et cette dernière ne devait jamais le lui pardonner.

Mmes de Galliffet, qui aux Tuileries se travestit en ange, Bartholoni qui tint le rôle de Judith fuyant la tente d'Holopherne, dans un tableau, de Forbin-Janson en Rébecca, de Latena en dame de trèfle, et d'autres mondaines : Mmes de Canisy, Aguado, de Bourgoing, les princesses Bibesco et Ypsilanty; Mmes de Mouchy, de Persigny, Canrobert, de Malakoff, de la Poëze, de la Moskowa, de Chasseloup-Laubat, Drouyn de Lhuys, de Cadore et la comtesse Walewska, en Diane ainsi qu'en neige, complétaient cet ensemble prodigieux de femmes qui mirent de la gaîté, de la couleur et de l'action sur la Cour du Second Empire.

Dans un précédent livre, *La Cour de Napoléon III*, j'ai dit qu'il y eut, aux Tuileries, des tableaux vivants qui dépassèrent les bornes des convenances et que des scènes mythologiques ou bien relatives à l'Histoire grecque ou à l'Histoire romaine, furent représentées devant l'Impératrice et devant ses familiers par les plus jolies femmes du château, dans le costume trop exact exigé par les rôles choisis. Rien n'est plus vrai. Ces tableaux eurent même une très grande vogue; les ministères, les salons s'en emparèrent, et ainsi qu'on joue la comédie aujourd'hui, on tenta de faire revivre, sous le Second Empire, par la pose et par la nudité, les principaux héros de la Fable et de l'Histoire.

Je citerai quelques exemples pris parmi ceux de ces tableaux qui firent le plus sensation et dans lesquels les femmes seules figuraient, tenaient les rôles mascu-

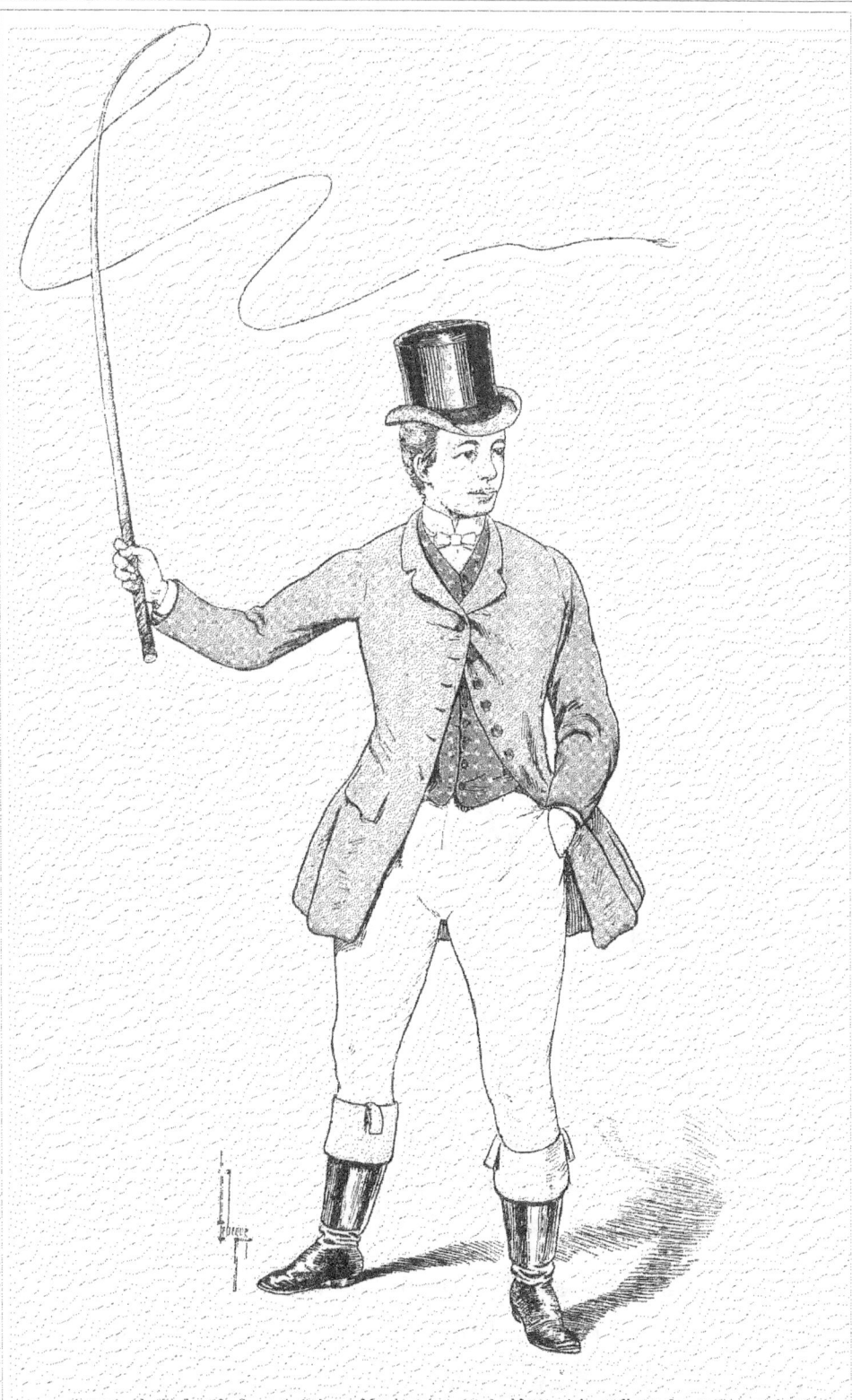

Costume de Cocher de fiacre, porté par Mme la princesse de Metternich, en l'une des représentations de Compiègne. (*D'après un croquis original.*)

lins, les hommes n'étant admis à ces exhibitions qu'en qualité de spectateurs.

Il y eut tout d'abord une scène mythologique, une Diane chasseresse entourée de nymphes, qui provoqua l'admiration du public de la Cour. Diane, dans un décor habilement brossé et dans un arrangement très subtil, parut ayant auprès d'elle ou disséminées et alanguies en des attitudes diverses, une douzaine de jeunes femmes dont quelques feuillages savamment préparés voilaient le trop complet déshabillement, tout en faisant valoir leurs formes moulées en des maillots de soie. Puis, ce furent des Vénus sortant de l'onde, des groupes reproduisant les principales statues des parcs ou des musées, tout un défilé de beautés dévêtues, toute une exposition de splendeurs charnelles, comme l'apothéose du désir et de la volupté ; et dans une note plus adoucie, Daphnis et Chloé, Phryné devant ses juges, ainsi que quelques scènes bibliques.

Mais les deux tableaux qui, avec le Ballet des Abeilles, mirent le comble à l'enthousiasme des mondains, furent les Cinq Parties du Monde et les Eléments.

Les Cinq Parties du Monde, représentées par cinq femmes choisies parmi les plus belles et les mieux faites, dans l'entourage de la souveraine, donnèrent assez bien l'impression de la fontaine de Carpeaux

érigée au Luxembourg. Elles soutenaient, en des attitudes délicieusement perverses, une sphère lumineuse,
et à leurs pieds d'autres femmes en naïades, en nymphes, étaient étendues formant comme des bas-reliefs
vivants. Ce fut peut-être très léger; mais on ne peut
nier que ce fut absolument délicieux.

Les Eléments — l'Air, le Feu, la Terre et l'Eau —
furent également confiés à quatre femmes réputées par
leurs grâces irréprochables et soutenues — comme
des danseuses étoiles en un ballet, par un groupe d'autres femmes partagées en quatre divisions secondaires
et composant comme les quadrilles particuliers de
chacune des principales interprètes, ainsi que leur appartenant par le costume imité du leur.

Ces costumes méritent une description.

Chaque femme était en maillot et par conséquent
apparaissait aux regards comme dans une absolue nudité. Cependant des attributs spéciaux aux rôles
qu'elles représentaient, atténuaient ce déshabillé. L'Air
était vêtu d'une sorte de tunique de gaze transparente,
mais sur laquelle, très finement, on avait peint des va-
peurs, des nuages, et l'impression que ce costume, en
effet, faisait naître, était celle d'une chose éthérée,
impalpable. Le Feu, pareillement revêtu de gaze,
ornementée de flammes, semblait se mouvoir dans
un brasier et chacun de ses gestes accentuait cette

illusion par les ondulations qu'il imprimait à l'étoffe. La Terre offrait la sensation, dans sa tunique, d'une corbeille de fleurs animées et des gerbes d'épis mêlées à ses cheveux en faisaient comme l'évocation divine de toutes les richesses. L'Eau, enfin, émergeant de plantes marines et de roseaux, passait ainsi qu'une source, dans l'incarnation idéale de sa poésie, dans toute sa mélancolie intuitive.

Cette exhibition, fut, je le répète, féerique, et le tableau terminé, on en rappela les interprètes et on les força à reprendre leurs poses.

Tels furent quelques-uns de ces tableaux dont on a tant parlé. L'impératrice Eugénie, évidemment, avec l'aide de Mmes de Metternich, de Pourtalès, de Galliffet et de Poilly, fut leur organisatrice ; mais il est juste de déclarer qu'elle ne se mêla jamais aux actrices qui les représentèrent, qu'elle ne prit, en un mot, jamais dans leur réalisation, un rôle actif. La décence en est contestable, mais non le sentiment artistique, et si au point de vue de la morale ou de la politique, on doit les déplorer, il me paraît puéril de condamner leur manifestation car elle renferma comme l'avant-goût de l'art actuel, de cet art si féminin et si pervers que la foule recherche et applaudit. J'écarte ici, d'ailleurs, de mon récit, toute pensée récriminatrice, et ceux qui vécurent au soleil des années mortes que j'exhume, et

les amoureux de curiosités aimables aussi, et les ama-
teurs de fouilles dans le passé, ne s'indigneront pas
plus que moi, je l'espère, devant cette reconstitution de
choses éparses et charmantes.

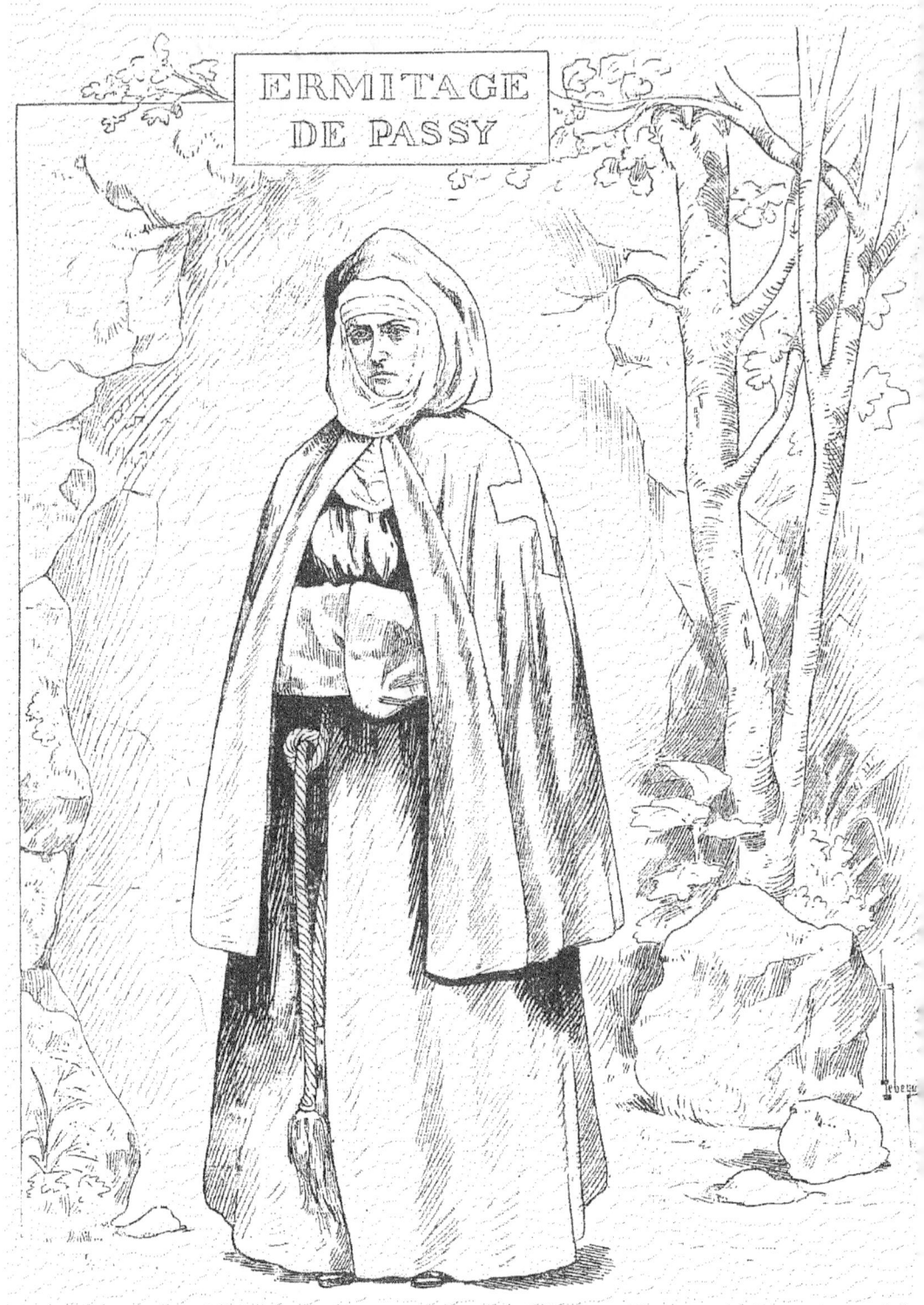

Costume de Religieuse, porté par Mme la comtesse de Castiglione, dans les tableaux vivants qui eurent lieu chez Mme la baronne de Mayendoff. (*D'après une photographie.*)

LES FAVORIS DE LA REINE

Il serait peut-être injuste, faisant la revue des mondanités du Second Empire, et quoique ce chapitre soit plus particulièrement consacré aux femmes qui brillèrent à cette époque, de ne point mentionner les noms de quelques hommes qui furent, par leur élégance, par leur frivolité ou par leurs amours, les héros de ces jours d'insouciance et de folie.

Parmi ces hommes, dont la personnalité, à divers titres, appartient à l'Histoire, il faut citer en première ligne, M. le marquis de Caux.

M. le marquis de Caux, qui fut écuyer de l'Empereur excella surtout dans la conduite des cotillons aux lundis de l'Impératrice et devint rapidement l'un des favoris de la souveraine. Sa vie est connue et je ne la rappellerai point ici. Après avoir beaucoup « potiné »

— qu'on me permette ce mot — aux Tuileries, il devint à son tour la victime des cancans, et son aventure commencée dans tout l'éclat d'une radieuse existence, se termina lamentablement. Il est mort; et la plume d'un écrivain éprouve quelque gêne devant une tombe. Mais on peut dire, sans manquer de respect à sa dépouille, qu'après avoir eu tous les bonheurs, il eut toutes les infortunes. Du fringant écuyer, du charmant et séduisant mondain qu'il était, il devint, par son mariage avec Mme Patti, la cantatrice fameuse, le type véritable du Mari de l'Actrice, portant superbement toujours sa déchéance, mais la portant irrémédiablement, la traînant en ses malles, à travers le monde, avec les défroques, avec les oripeaux de théâtre de sa compagne. Dans les derniers temps de sa vie, brutalement brisée, on le voyait, correct, battant beau, selon l'expression parisienne et boulevardière, souvent le soir, dans les bureaux d'omnibus de la Madeleine ou de Saint-Philippe du Roule, et là, dans un souvenir des heures lointaines peut-être, dans un retour vers les coquetteries, vers les donjuanneries d'antan, il tournait autour des femmes qui, un ticket à la main, attendent les lourdes voitures. Lorsque le destin lui était cruel, il s'en allait soit à pied, soit en prenant lui-même une place dans l'omnibus et s'endormait, cahoté par les durs ressorts, dans l'odeur chaude et un

peu âcre du véhicule populaire.. Plus d'une fois, j'ai
suivi cet homme, car il m'apparaissait comme la syn-
thèse absolue de ce Second Empire, ayant eu comme
lui et avec lui toutes les ivresses, ayant eu comme lui
et avec lui tous les effondrements.

A côté de M. de Caux, et parmi les jeunes hommes de
la Cour, venait immédiatement M. le marquis de Galliffet, aujourd'hui général de division, glorieux et sévère, alors simple capitaine sans histoire et très rieur.
M. de Galliffet fut — il doit s'en souvenir — l'enfant gâté des Tuileries, le gamin à qui tout est permis,
à qui l'on pardonne tout. Marié et possédant une
femme radieusement jolie, il passait au travers de la
Cour, comme un jeune dieu allant à la conquête du
ciel. L'Empereur l'aimait, l'Impératrice l'adorait et les
femmes le désiraient. Il n'avait point, alors, cette
brutalité qui est sa marque caractéristique actuelle.
Il était aimable, prêt à tous les emplois mondains et
nul ne savait, comme lui, brûler les planches, dans
les rôles de « pousse-cailloux », lorsqu'on jouait la
comédie à Compiègne. Il était à la Cour, comme est le
« gosse » parisien, dans les pièces du vieux répertoire,
prompt à la blague, ainsi qu'à la riposte, gavroche,
bon garçon, laissant tout dire, tout faire, disant tout,
faisant tout, galant et beau, superbe et aventureux.
Il est un mot de lui qui le peint absolument, qui est

tout à l'honneur de son tempérament et qu'il n'a sans doute pas oublié.

Comme on le plaisantait un jour, aux Tuileries, dans un groupe de familiers, sur ses façons d'accaparement, de domination et sur la parade qu'il semblait sans cesse offrir à ceux qui l'entouraient, il eut un haussement brusque d'épaules et une réponse bien typique.

— J'aime la parade, soit, dit-il. Eh bien, chacun ses goûts, n'est-ce pas? Donnez-moi une galerie et je me flanque, s'il le faut, du haut des tours de Notre-Dame.

Puis, malicieusement, il ajouta :

— Quel est celui de vous, mes bons amis, qui, pour le plaisir de parader, en ferait autant?

Et tournant sur ses talons — il était marquis en ce temps-là — il s'en fut converser, on ne disait point encore alors « flirter », avec quelque femme.

Tout M. de Galliffet était, et se trouve dans cette boutade. Il se jetterait, oui, pour captiver l'attention du public, de la galerie, du haut des tours de Notre-Dame, comme il a été, comme il irait, soldat, au feu, pour la gloire de son nom et pour celle aussi de son pays. Celui qu'il représentait naguère dans les comédies de Compiègne, le pauvre diable de « pousse-cailloux », connaît cette bravoure folle du général. Et c'est pourquoi il

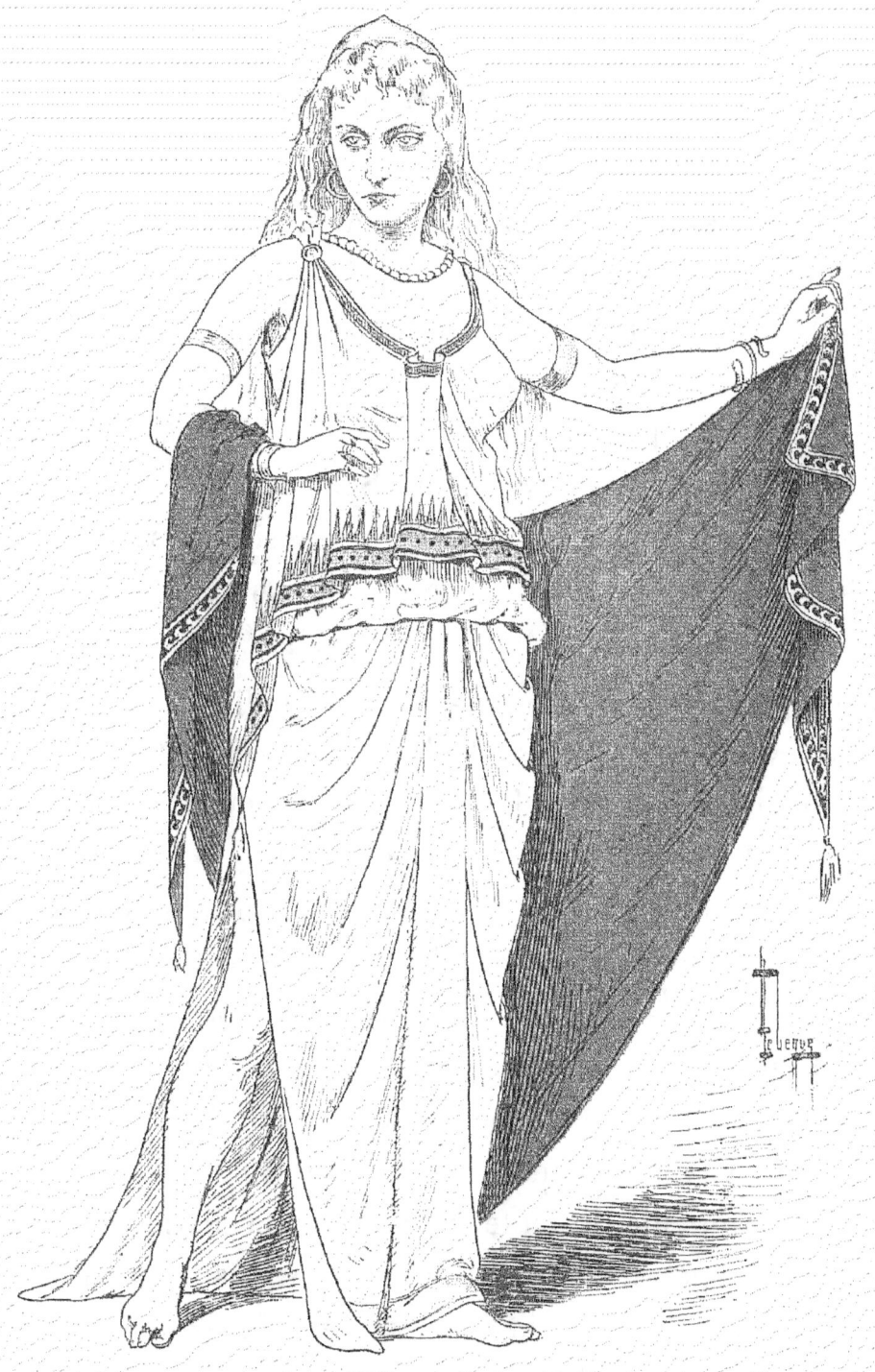

Costume de Romaine, porté par Mme la comtesse de Castiglione, aux Tuileries.
(*D'après un document original.*)

l'aime, comme jadis l'Empereur et sa Cour l'aimaient.

D'autres élégants mondains dont il serait trop long d'esquisser les silhouettes venaient à la suite de MM. de Caux et de Galliffet. C'étaient M. le comte de Pourtalès dont une parenté avec la famille prussienne de ce nom faisait une personnalité ; M. Emmanuel Bocher, M. le baron Raymond Seillière, M. le prince de Sagan, alors dans toute la prospérité de sa gentilhommerie et de sa fortune, depuis cahoté, lui aussi, non par des omnibus, comme M. de Caux, mais par les surprises de la vie. C'étaient M. le marquis du Lau, M. le comte Davilliers, M. le duc de Montmorency, dont la noblesse illustre, relevée par un décret de l'Empereur, avait causé une levée d'armes dans le faubourg Saint-Germain ; c'étaient encore et enfin, car il faut s'arrêter dans cette nomenclature, M. le vicomte d'Espeuilles, M. Bartholoni, M. le baron de Soubeyran, M. le baron de Pierres et vingt, et trente autres qu'il serait fastidieux de citer, qui menaient aux Tuileries, à Compiègne et à Fontainebleau, la belle et bruyante farandole du Second Empire. En tête, fifre gentil et charmeur, le Prince impérial faisait entendre son rire clair d'enfant, sa chanson mélancolique et tendre que l'Empereur écoutait et redisait en son cœur.

Je ne sais rien de triste et de doux, à la fois, comme l'évocation d'un jour d'été où le soleil a été

chaud, où la brise a été calme, où le ciel a été pur. Il
semble qu'on rappelle un jour pareil en remuant
le passé du Second Empire, en ramassant ces souvenirs d'heures joyeuses qui furent à un petit nombre
d'êtres sans doute, mais que tous, quand même, ont
commentées, mais que tous ont célébrées. Je ne sais
rien de doux et de triste comme la jeunesse qui
meurt, c'est-à-dire comme le rêve qui fuit, comme la
femme qui expire ou qui vieillit, comme l'enfant qui
retourne au néant, le regard plein des choses entrevues
l'âme étonnée et heureuse même du sommeil éternel
qui la frappe. Et cette impression monte en moi, à
l'évocation des splendeurs, des folies, des rires, des
amours du Second Empire; car tout ce qui l'animait,
car tout ce qui lui donnait de la force, de la sève, est
mort ou a été flétri par les années, car toute sa jeunesse est défunte, car tous ses cœurs ne battent plus.

Dans l'énumération qui précède, un homme n'a
point été cité et mérite, cependant, à plusieurs titres,
de n'être pas oublié. Je veux parler de M. Arsène
Houssaye.

Par ses fonctions, par son existence fastueuse, par
ses amitiés avec la famille impériale même, par ses
œuvres, enfin, M. Arsène Houssaye a, en effet, sa
place indiquée dans le mouvement mondain du Second

Empire. N'est-ce point lui qui baptisa dès alors, sous le nom de « parisianisme », cette chose impossible à définir, cette chose élégante, affinée, spirituelle, sentimentale et sceptique, dont son œuvre porte le suprême caractère, qui était le signe distinctif des familiers de la Cour, ainsi que celui des habitués des salons et que d'autres, depuis, ont essayé de s'approprier sans réussir, geais parés des plumes du paon — à s'en assimiler la délicatesse et l'éclat.

Administrateur de la Comédie-Française et romancier à la mode, M. Arsène Houssaye se montrait aux Tuileries ou à la ville, avec toute l'auréole du succès. L'Empereur l'aimait, l'Impératrice en était curieuse, le prince Napoléon goûtait son esprit, et les femmes qui entouraient les souverains ou qui donnaient le ton aux mondanités, dans le monde, l'accablaient de coquetteries — heureuses d'être conviées, sous le masque — aux fêtes qu'il offrait et qui sont restées fameuses dans les annales parisiennes.

Ces fêtes, que l'on nommait des « redoutes », étaient, en vérité, merveilleuses, féeriques. Le demi-monde du Second Empire — dont j'ai plus haut esquissé la physionomie et qui touchait de si près au monde proprement dit, par ses élégances et par sa tenue — y coudoyait tout ce que Paris comptait non seulement de célébrités parmi les hommes et les femmes, mais de

particulièrement en évidence par la fortune, la naissance, l'éducation, le talent. Les femmes n'y étaient
admises que masquées, dans le but de rendre plus
inaperçues, plus libres, celles qui souhaitaient de n'être
pas reconnues, et les hommes devaient faire provision
de bonnes manières et d'esprit pour s'y rendre.
M. Arsène Houssaye, alors dans toute sa jeune gloire
de gentilhomme et d'écrivain, recevait ses invités en
grand seigneur, et ses redoutes faisaient échec aux
soirées des Tuileries ou des ministères.

Quels drames, quelles comédies, quels romans nais-
saient en ces réunions dont la génération actuelle ne
peut avoir, en dépit des descriptions qui en ont été
faites, qu'une idée très faible? C'est ce que l'on ne
saura jamais. Paris était, en ce temps — comme Venise
à l'époque de ses doges, de ses bravis et de ses car-
navals — dans une incessante folie d'amour, de batailles et d'intrigues; la pudeur des femmes comptait
peu; le sang des hommes coulait aisément, et il n'était
point rare qu'un galant — comme naguère le gladia-
teur, après les étreintes d'une patricienne — au sortir
du lit d'une maîtresse longtemps convoitée et pos-
sédée enfin, s'en allât croiser le fer avec quelque rival
malheureux. La liberté de la presse n'existant pas,
sous le Second Empire, ces incidents restaient générale-
ment ignorés de la foule et, il faut bien le dire, la

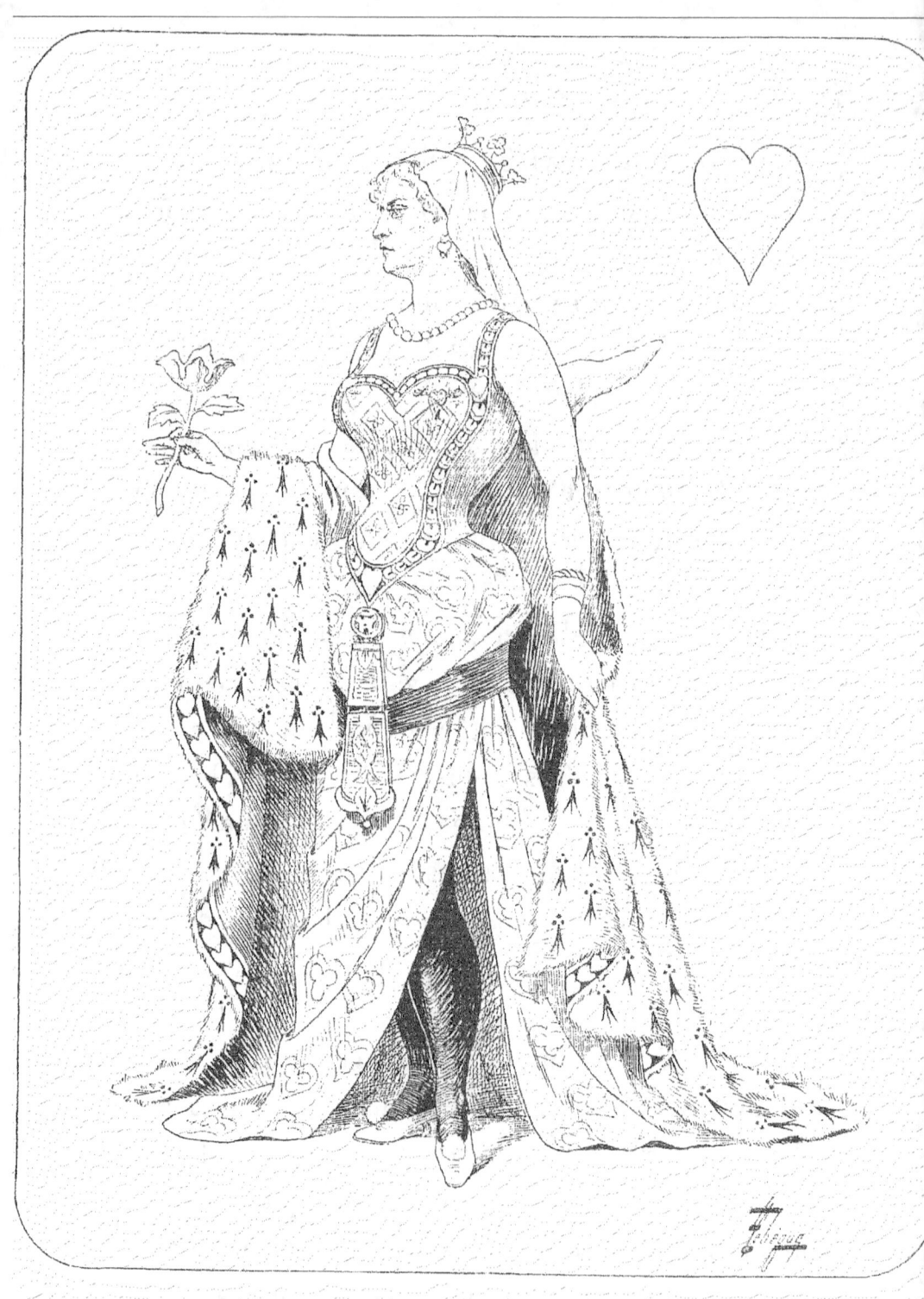

Costume de Dame de Cœur, porté par Mme la comtesse de Castiglione, en un bal du Ministère des Affaires Étrangères
(D'après des notes originales.)

liberté de la presse, telle qu'elle se pratique aujour-
d'hui, dans les journaux spécialement consacrés aux
échos mondains, les eût rendus impossibles. Il y a bien
encore des amours, des duels, présentement; mais les
choses de notre modernité sont banales et ce qui met sur
les années impériales un cachet typique, ce n'est point
le nombre des duels et des amours qui emplirent ces
années, c'est la qualité de ceux qui aimèrent et qui
se battirent.

L'œuvre de M. Arsène Houssaye donne l'exacte
impression de ces heures d'élégante décadence et ses
hommes ainsi que ses femmes représentent bien, dans
toute leur étrangeté, dans toute leur nervosité et leur
fiévreuse surexcitation, les hommes et les femmes du
Second Empire. Ayant été alors en mesure de voir et
d'entendre, M. Arsène Houssaye a retenu ce qu'il a
entendu et vu. Il est venu, certes, des écrivains, des
romanciers même qui ont affiché la prétention de
rendre, devant le public actuel, la physionomie des
choses et des êtres du Second Empire. Mais dans
l'œuvre du plus considérable d'entre ces lettrés, on ne
retrouve nulle trace vraie des passions de ce temps.
Tout y est construit de « chic », selon l'expression des
peintres, tout y est soumis à l'imagination la plus ou-
trée, et ce n'est que dans les livres documentés, mais
conçus dans une note trop sèche, trop inattrayante,

que l'on a chance de rencontrer de sérieux renseignements. Ces livres sont rares, les hommes en état
de raconter ou d'écrire la chronique du Second Empire
s'étant tus volontairement, ainsi que je l'ai déjà dit,
et ceux qui nous fournissent quelques indications non
vulgaires sont inspirés par un sentiment de partialité
trop évidente, dans le blâme ou dans l'éloge. C'est
pourquoi, devant cette pénurie de renseignements
relatifs au règne de Napoléon III et à la Cour des Tuileries, certaine partie de l'œuvre de M. Arsène Houssaye est intéressante et curieuse à consulter; c'est
pourquoi ses romans même, tout imprégnés du par-
fum impérial, tout pleins de la vie exubérante et
affinée qui va de 1860 à 1870, sont fort supérieurs,
dans l'impression qu'ils nous donnent, à ceux qui les
ont précédés ou suivis. On ne reconstitue pas une
époque avec des phrases; on en trace la silhouette
énorme avec des faits. Et si les phrases sont belles
dans la plupart des ouvrages sur le Second Empire, les
faits n'existent pas.

FOLLES ET FOUS

Quoique le public fût peu initié par les journaux,
au mouvement de fête qui prenait naissance aux Tuileries et qui s'emparait des salons, l'écho des bals travestis et des tableaux vivants passait par-dessus les
murs du château et gagnait la rue. On exposait, dans
les vitrines des marchands de photographies, les por-
traits des femmes de la Cour en même temps que ceux
des demi-mondaines ou des actrices en renom, et dans
les arrière-boutiques de ces magasins, l'on vendait
clandestinement d'autres photographies, représentant
ces mêmes femmes dans les costumes et dans les attitudes plus ou moins exactes des rôles qu'elles avaient
interpétrés. Ainsi que je l'ai déjà dit, on osa représenter l'Impératrice même et ses familières absolument nues et groupées indécemment. Ces prétendues

12

reproductions de scènes scandaleuses doivent être flé-
tries avec la plus grande énergie. L'Impératrice et ses
amies furent légères, en vérité, mais dans leur incon-
séquence, ne justifièrent jamais d'être ainsi portrai-
turées.

Cependant la ville, jalouse des plaisirs que l'on
goûtait à la Cour, l'imita et ce fut la folie suprême.

Non seulement les salons mirent tout en œuvre pour
donner à leurs attractions habituelles et un peu fades,
désormais, le piquant, la séduction d'une galante per-
versité, mais la rue, sous l'influence de cette perver-
sité qu'elle ne pouvait ignorer, qu'elle devinait, à laquelle on l'initiait même, en des conversations, s'em-
plit d'ardeurs qui la portèrent au delà de toute retenue.

L'amour, dans un cynisme et dans une impudeur
nettement affichés, racola au coin de chaque trottoir.
On vendit des baisers à ciel ouvert; et dans les clubs
ou dans les cabarets élégants, un nouveau sport vint
égayer les heures des mondains : dans les clubs, les
billards servirent de lit, sous le gaz éclatant, à de pau-
vres diables, mâles et femelles, mercenaires de luxure,
offrant la comédie moyennant quelques louis, aux beaux
seigneurs curieux de vice et appauvris de désirs; dans
les cabarets, des femmes riches ou titrées, conduites
par des amis, par leurs maris même, se réunirent en
des cabinets particuliers et se donnèrent le spectacle

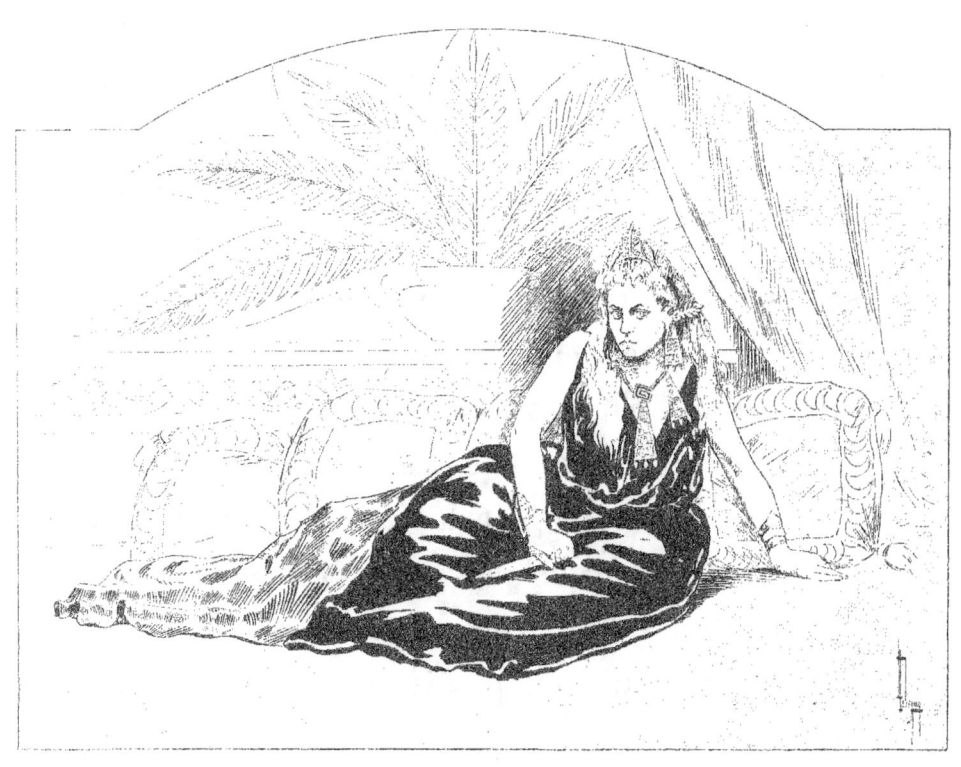

Costume de Reine d'Étrurie, porté par Mme la comtesse de Castiglione, aux Tuileries. (*D'après une photographie.*)

d'accouplements salariés. Les boulevards, le Bois, devinrent les lieux ordinaires des trafics érotiques et des rendez-vous clandestins. Au Bois, où l'on se rendait en gala, les livrées éclatantes et imposantes, toutes marquées de respectabilité, couvrirent de leur clinquant dissimulateur les marchandages et les œillades des plus hautes personnalités féminines. Sur les boulevards, il y eut les « petits crevés », qualificatif honteux, que le peuple, spirituel, infligea aux jeunes mondains pressés de vivre et heureux de mal porter une précoce vieillesse due aux pires excès.

Ce fut aussi, à cette époque, dans certains théâtres, toute une série de pièces ineptes ou obscènes, de féeries stupides, toute une exhibition de femmes qui faisaient ressembler quelques scènes à des chambrées de mauvais lieux et qui n'étaient là, en effet, que pour attirer, à l'orchestre, un public d'hommes sans préjugés.

On pourrait croire que j'exagère ici et que, dans un esprit de polémique, je donne à dessein à ma pensée, à mes constatations, une importance qu'elles ne sauraient avoir. M. Paul de Saint-Victor, un témoin de ce temps et un écrivain consciencieux, appuiera éloquemment mes affirmations.

« Cela fait songer, dit-il, en parlant des représentations théâtrales, aux camisoles de force et aux douches, à ces rires imbéciles qu'on entend glousser dans les préaux des maisons de fous. Ce qu'il y a de particulier dans ce genre de farces sans nom, c'est leur lugubre froideur. N'y cherchez même pas cette verve grossière qui allume les « boniments » des fêtes foraines, pareille aux feux follets qui s'exhalent des fumiers en fermentation. Ce sont des étoupes gelées que leurs paillasses avalent et rendent au nez du public. Pas une lueur d'esprit, pas un trait comique ou simplement drôle; la turpitude y fait la roue sur la platitude. Ce répertoire n'a qu'un procédé unique et immuable, lequel consiste à faire battre et hurler une kyrielle de coq-à-l'âne et d'anachronismes renfermés dans une même phrase. Et que de peine pour cette vile besogne! De tels spectacles ne sont pas seulement une ignominie, mais une corruption. Ils tiennent école de dérision et d'abrutissement. Leurs grimaces défigurent toutes les grandeurs et toutes les vertus. »

J'ai parlé d'Offenbach, un jour, et j'ai dit que la Cour se rendait à l'audition de ses opérettes, inconsciemment, heureuse d'applaudir des divinités et des rois grotesques, qui ressemblaient terriblement aux rois et aux divinités qu'elle honorait. La Cour pouvait, sans trop de risques, se montrer devant les audacieuses irrévérences d'Offenbach. Elle avait l'excuse de son talent pour justifier cette illogique curiosité. Il lui était plus difficile, toutefois, de fréquenter les théâtres dont je viens de parler et que flétrit si rigoureusement M. Paul de Saint-Victor. Mais comme les chansons qu'on y faisait entendre, comme les sottises qu'on y débitait lui plaisaient, elle eut recours à un stratagème, et ce fut l'histoire de Mahomet et de la Montagne. On appela aux Tuileries et dans les salons les interprètes principaux de ces théâtres et l'on eut, à domicile, toutes les grimaces souhaitées.

Puis, las des artistes, on imagina de les imiter, de reprendre leurs rôles, et Mᵐᵉ de Metternich se chargea d'être la « metteuse en scène » de ces représentations.

M. le marquis de Massa lui-même, dont la vertu semblait pourtant à l'épreuve, dut introduire plus de passion, plus de vivacité dans les couplets qu'il écrivait habituellement pour les femmes de la Cour, et l'on a vu plus haut, comment il s'essaya dans le nouveau genre qui lui était imposé.

Je ne saurais trop le répéter, l'Empereur demeura toujours sinon étranger à ces choses, du moins attristé devant cette démence enragée qui battait son trône et qui l'ébréchait, devant cette multiplicité de fautes intimes et politiques que l'Impératrice encourageait et tolérait, dont elle s'amusait même comme un enfant joue avec des allumettes, inconsciemment. Impuissant à rétablir l'ordre aux Tuileries, ne voulant peut-être

point aussi prendre, en face de ses familiers, l'attitude
d'un moraliste, l'Empereur se contentait de faire entendre des observations à sa compagne qui ne l'écoutait pas d'ailleurs, qui se dérobait à toute raison, qui
se révoltait contre toute autorité, et il souriait énigma-
tiquement en présence des entraînements de ses amis.
L'Empereur était fataliste dans les plus petits faits de
la vie. Peut-être attendait-il de la folie qui, autour de
lui, se donnait toute liberté, un résultat inespéré,
susceptible de servir ses desseins, ses projets d'avenir?

Quant à l'Impératrice, il lui plut sans doute de s'offrir de la joie et elle s'amusa pleinement, entièrement. Il lui plut sans doute, également, de mettre dans
la monotonie de son impériale félicité, comme la
piquante expression de passions, d'habitudes et de
mœurs qui lui étaient défendues personnellement, et
elle se procura, en effet, le spectacle adouci de toutes
les aventures qui se peuvent oser et inventer loin du
trône, dans le monde de ceux qui tirent une réputation
des aventures.

L'impératrice Eugénie, comme presque toutes les
femmes insensuelles, aimait à rechercher le côté égril-
lard des choses, non pour se l'approprier, non pour
en extraire un bénéfice à son usage, mais dans un
simple sentiment de curiosité platonique, à laquelle
elle ne songeait à ajouter quelque suite que ce fût.

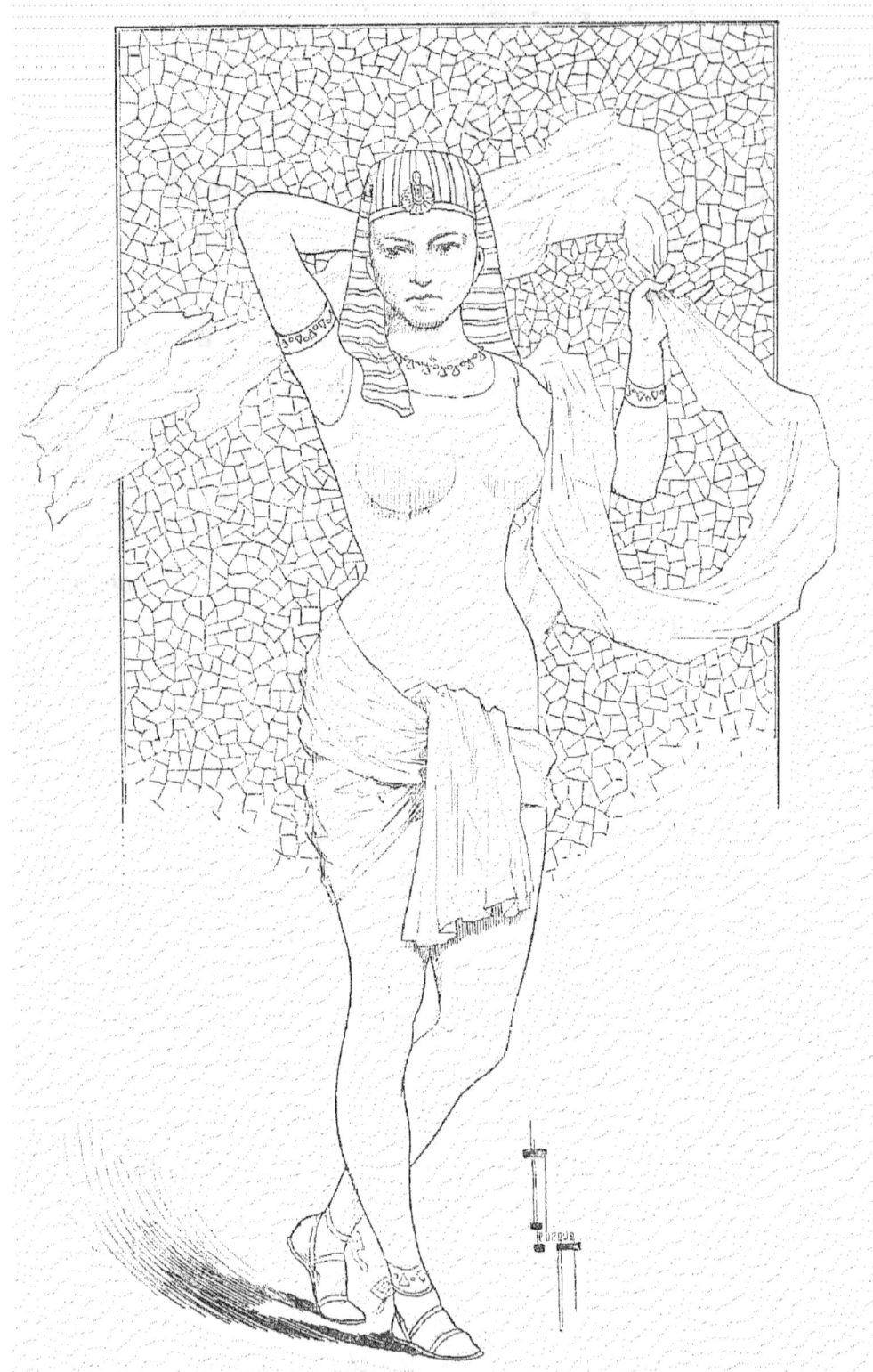

Costume de Salammbô, porté par Mme Gorschakoff, aux Tuileries.
(D'après un document original.)

Ses lectures la montrent ainsi dans tout l'absolu d'une ardeur apparente, démentie par des faits qui la peignent dans toute la cruauté, dans toute l'indifférence charnelle de la femme réfractaire aux pratiques de l'amour. Elle aimait à lire les auteurs légers, ceux du siècle dernier surtout; elle aimait à regarder les images peu austères; mais elle demeurait insensible à tous les appels de la volupté.

Il n'en était pas de même de ses familières, de ses amies. Comme elle, les femmes des Tuileries étaient friandes de volumes ou de gravures condamnés; mais, contrairement à elle, ces femmes ne fuyaient pas devant l'excitation qui leur était ainsi communiquée.

Il est un mot de l'une d'elles à ce sujet.

Ayant été plaisantée sur un ouvrage fort léger surpris en ses mains, elle releva hardiment la tête et les yeux dans les yeux de son railleur, elle répliqua :

— Mon cher, je vous souhaiterais d'avoir les qualités de ce livre. On fait, avec lui, l'amour, mieux qu'avec bien des hommes.

Au travers de cette cohue folle, de ce troupeau de femmes bêlant après les suprêmes délices, après les troublantes initiations, pareilles aux Femmes damnées de Baudelaire,

Chercheuses d'infini, dévotes et satyres,
Tantôt pleines de cris, tantôt pleines de pleurs,

passa, un jour, une figure étrange, rêveuse et douce, celle du roi Louis II de Bavière. Elle les charma ; mais elle ne se laissa charmer par aucune d'entre elles.

Une légende avait précédé ce jeune prince aux Tuileries. On se répétait que le roi Louis de Bavière était vierge ; qu'il n'avait point rencontré encore, nouveau Daphnis, celle qui le rendrait savant, et qu'il errait un peu à la découverte de celle qui saurait parler à son cœur et à ses sens.

Ce fut, en vérité, dès qu'il parut, un rude assaut qu'il eut à subir. Les femmes des Tuileries se dirent que le roi Louis leur abandonnerait son secret ; mais toutes leurs coquetterie échouèrent devant son impassibilité, devant son indifférence courtoise.

L'Impératrice seule sembla lui inspirer un sentiment intime ; on affirme même qu'il en fut très épris. Mais le roi de Bavière quitta la Cour sans avoir révélé sa pensée, sans avoir, par ses actes ou par ses paroles, autorisé qui que ce fût à violer son rêve.

On raconte, cependant, que Mme la baronne de P..., plus aventureuse que ses amies, voulut, un soir, avoir raison du roi Louis et entreprit de le séduire.

Comme, en causant, elle l'avait emmené dans le jardin du château, derrière des massifs, et déployait devant lui ses plus irrésistibles attraits, il se prit tout à coup à contempler l'un des admirables marbres qui ornaient les allées et parla à sa compagne sur un ton de grande mélancolie.

— Madame, lui dit-il, comme répondant indirectement au jeu de la baronne, je voudrais, pour l'aimer, une femme toute blanche et toute de pierre, comme celle qui est là, devant nous.

Mme de P... regarda son interlocuteur avec quelque inquiétude, mais le sachant bizarre dans sa conversation et dans ses manières, elle répliqua :

— Mais, sire, c'est l'histoire de Pygmalion que vous voudriez renouveler?

— Oui, et c'est impossible, n'est-ce pas?

La jeune femme réfléchit une seconde; puis, comme inspirée, reprit :

— Mais non, ce n'est pas impossible.

— Vous croyez?

— J'en suis certaine.

— Et comment, Madame, feriez-vous revivre cette histoire?

Alors, Mme de P..., résolument, moitié rieuse, moitié grave, fit cette déclaration :

— Tout simplement, sire, en revêtant un maillot blanc.

Le roi de Bavière parut un instant sans argument. Mais secouant la tête, il conclut ainsi :

— Non, ce serait un mensonge; sous le maillot il

y aurait un être vivant et c'est bien une femme toute blanche et toute de pierre qu'il me faudrait, pour l'aimer.

— Ah, sire, vous êtes trop exigeant, dit alors Mme de P... On ne peut pourtant pas mourir pour être aimée de vous.

Une crispation nerveuse agita, en cette minute, le jeune prince.

— Pourquoi non, Madame, murmura-t-il, et son œil brilla.

Mme de P..., cette fois, eut peur. Avec précaution, elle arracha le roi à sa contemplation, à son hallucination peut-être, et elle revint avec lui vers le château, où elle rentra plus rassurée.

— Cet homme est fou ou deviendra fou, dit-elle à l'une de ses amies de qui je tiens cette anecdote. Il veut des femmes en pierre. Ce n'est point aux Tuileries qu'il en trouvera. Qu'en pensez-vous, ma chère ?

La prédiction de la baronne de P... s'est accomplie. Le roi Louis II de Bavière est devenu fou. Mais son rêve d'un soir, qui fut peut-être le rêve de sa vie, a-t-il jamais pris une forme palpable? On peut en douter.

Une vague ressemblance morale existait entre l'empereur Napoléon III et le roi Louis II. Songeurs tous les deux, ils s'attardaient dans la caresse d'une intime

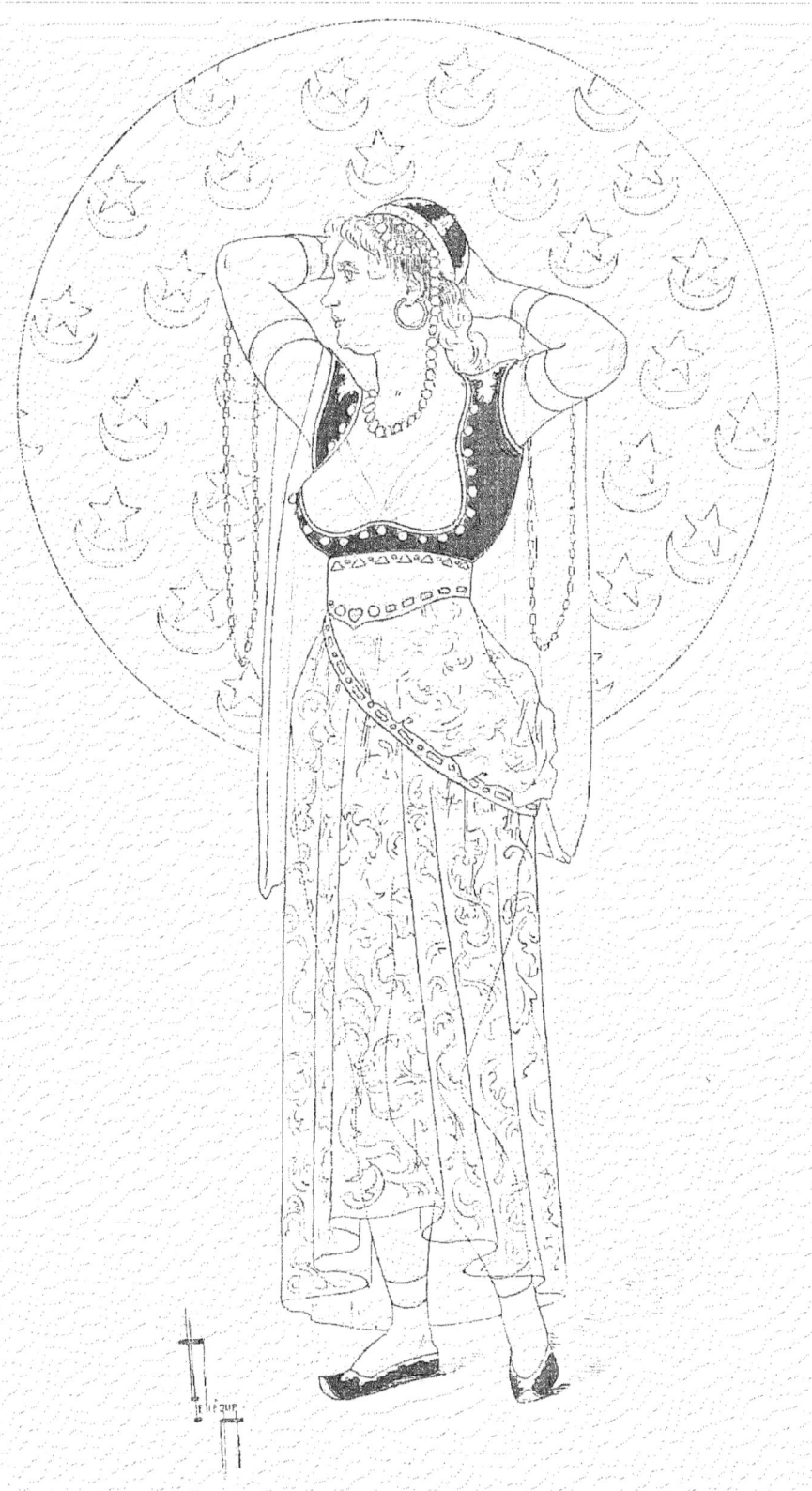

Costume d'Almée porté par Mᵐᵉ la comtesse de Pourtalès, au bal travesti que donna Mᵐᵉ la princesse de Metternich, en l'honneur de l'Impératrice. (D'après un document original).

pensée ; marqués tous les deux par une sorte de signe tragique, ils ont disparu dans un drame, et la femme de pierre dont parlait le roi Louis, sans la connaître, n'était-elle point dans la vie de l'Empereur ?

LES NABABS

C'est, ici, un tableau rapidement brossé, non seulement des personnalités qui marquèrent à la Cour des
Tuileries, sous le Second Empire, mais encore de la
société parisienne, à cette époque, étudiée dans son
ensemble. Il me paraît que ce tableau ne serait pas
complet si je n'ajoutais encore, quoiqu'il soit plus
spécialement consacré aux femmes, quelques figures
masculines à celles que j'ai déjà esquissées.

Je viens de tracer la physionomie de ce que l'on
appelle la haute vie, sous le Second Empire. Cette
existence particulière avait des meneurs attitrés, en
dehors de ceux qui donnaient le ton à la Cour, et chaque
soir c'était dans Paris, sous leur direction, une débauche d'argent, de victuailles et de baisers.

On était en un temps où le rire était facile, où toutes

les poches étaient percées, où tous les cœurs se portaient sur les mains, où des hommes comme le duc de
Gramont-Caderousse, le baron de Heckeren, le comte
Henkel, Ismaïl Pacha, le prince Paul Demidoff, le
prince Nariskine et Khabil-bey, pour ne parler que des
principaux viveurs, que des plus apparents, que des
plus tapageurs ou que des plus originaux parmi les
maîtres de l'argent et de l'amour, s'entendaient pour
offrir, quotidiennement, aux parisiens, le spectacle
sans cesse nouveau de leurs aventures.

Il y avait bien encore, parmi ces hommes et au premier rang des exotiques, un prince déchu réfugié à
Paris qui faisait sonner fort ses millions et que l'exhibition habituelle de ses diamants, ainsi que le fard
dont il couvrait sa face flétrie, avaient rendu célèbre.
J'ai nommé le duc de B... Mais cet homme ne fut
qu'un grotesque, un maniaque que la foule se montrait lorsqu'il passait devant elle, dans son lourd car-
rosse ridiculement peint, comme elle se montre, aux
heures du carnaval, le masque stupide qui déambule
le long des trottoirs.

Le duc de B... était un grotesque et un maniaque,
mais il était surtout un déséquilibré, un vicieux, re-
cherchant dans la débauche la plus abjecte, des satisfactions et des plaisirs que le cours naturel des choses
était impuissant à lui procurer.

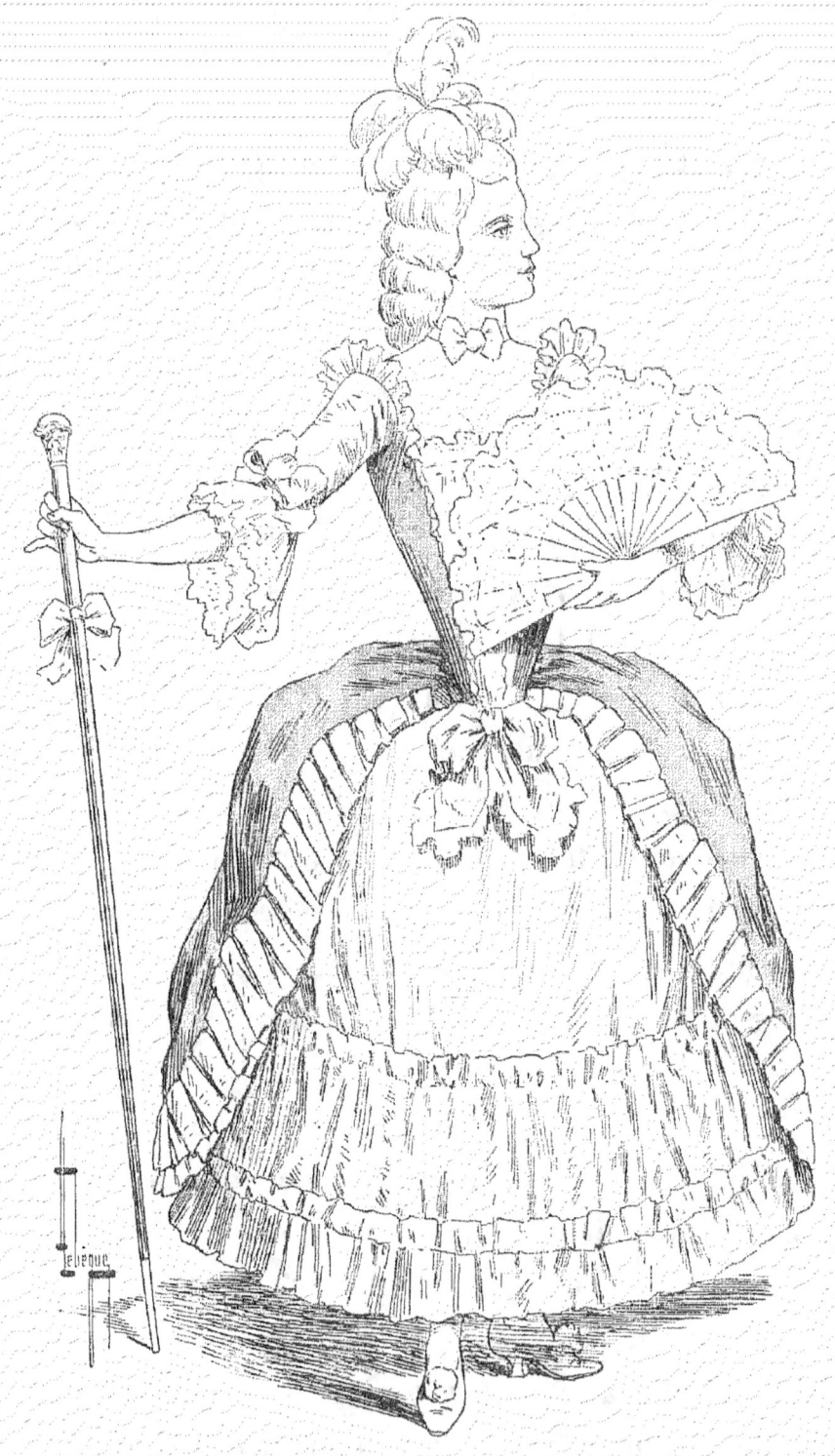

Costume porté par Mme la comtesse de Pourtalès, au bal de l'Hôtel d'Albe.
(D'après un document original.)

Il fut le héros d'une aventure qui fit grand bruit
dans Paris et qui obligea même l'Empereur à lui adres-
ser de sévères observations.

Un soir, au Cirque, soudainement épris d'un superbe acrobate, il lui fit parvenir un billet par lequel
il lui assignait un rendez-vous après la représentation.

L'acrobate croyant au caprice de quelque femme se
présenta au lieu indiqué. Mais comme il n'y rencontra
que le vieux duc de B..., il entra dans une belle fu-
reur et se vengea de sa déception en administrant à
l'Altesse, en rupture de morale, une formidable râclée.

On sait l'existence fastueuse et brève du duc de
Gramont-Caderousse. Après avoir, avec son ami, le
comte d'Orsay qui bouda l'Empire, étonné toute une
génération de viveurs par ses folies et par les façons
seigneuriales qu'il mettait à dilapider son patrimoine,
il mourut, tristement, dans une ville du midi, épuisé
et presque oublié.

Le baron de Heckeren ne le cédait point au duc
de Gramont-Caderousse en magnificence. Un soir, il
parut à un bal des Tuileries, travesti en doge et traînant une colossale fortune dans les plis de son manteau.

Quant au comte Henckel, gentilhomme prussien, il
inventa Mme de Païva et ce ne fut point là, comme on
pourrait le croire, le moindre titre à sa gloire de mon-

dain. Mme de Païva, dont je m'occuperai plus loin, méritait, en effet, la célébrité que lui procura le comte Henckel et celle aussi qu'elle lui donna.

L'un des plus curieux types de cette réunion d'hommes de plaisir, sous le Second Empire, fut certainement Ismaïl-Pacha. Khédive d'Egypte et sans cesse à court d'argent, il avait un procédé infaillible pour remplir sa caisse lorsqu'elle était vide. Il organisait un emprunt, sous le prétexte de travaux importants ou d'œuvres considérables et civilisatrices à accomplir dans son pays, et lorsqu'il était en possession des millions souhaités, il s'en venait à Paris les dépenser. Sous son gouvernement, le Caire vit, pour la première fois et avec effarement, un théâtre d'opéra faire concurrence aux mosquées saintes, et des danseuses très modernes, descendues en droite ligne des Batignolles ou de Montmartre, remplacer les houris légendaires du sérail.

Dans un ordre plus sérieux, quoique aussi tapageur, venaient les princes Paul Demidoff et Nariskine.

Le prince Paul Demidoff, neveu de celui qui fut le mari de la princesse Mathilde, était fort beau et menait à Paris, ce qu'on appelle communément un train d'enfer. Ses équipages étaient remarqués et ses écuries étaient l'une des merveilles du Paris mondain. Ayant chevaux de jour et chevaux de nuit, les premiers étaient séparés des seconds par un bâtiment spécial, afin que leur repos ne fût pas troublé par les bruits nocturnes des entrées ou des sorties. Sous des dehors extravagants et indifférents, le prince Paul Demidoff était cependant un sentimental. S'étant retiré des aventures et ayant contracté un mariage, lorsque sa femme mourut, il fut atteint d'une sorte de désespoir touchant à la démence et il ne recouvra un peu de tranquillité, de stabilité d'esprit, qu'en s'adonnant à des œuvres charitables et au soin de collections artistiques merveilleuses.

Le prince Nariskine, possesseur d'une fortune immense, mais maladif, passait au milieu de ces élégances, de cette « noce », pour employer un mot vulgaire, mais caractéristique, ainsi qu'un fantôme errant à la recherche d'un oubli ou d'un idéal introuvables.

Enfin Khabil-Bey, ancien ambassadeur de Turquie en Russie, toujours ruiné mais toujours fastueux, faisait décorer ses appartements intimes de panneaux représentant des sujets érotiques. Il perdit ce que ses excentricités lui avaient laissé de fortune, en une nuit, sur un coup de cartes, m'a-t-on affirmé. Il quitta dès lors Paris, retournant à Constantinople. Mais le club, le boulevard, les petits théâtres et leurs coulisses lui manquaient. Il s'attrista, devint misanthrope et mourut dans un accès de démence furieuse.

Il est un détail bien amusant et qui caractérise absolument l'époque en laquelle tant d'hommes ne vivaient
que pour la seule satisfaction de leurs appétits. Comme
la plupart des exotiques qui brillaient à Paris y me-
nant là fête magnifiquement, possédaient des fortunes auprès desquelles celles des mondains français
étaient fort minces, et comme la jeunesse de la Cour
et de la ville se trouvait écrasée par cet amas de
millions qui tombaient un peu de tous les côtés, il y
eut comme une sorte d'émulation, parmi les représen-
tants de cette jeunesse, pour ne point déchoir, en
apparence, devant les étrangers. On se syndiqua, on se
cotisa, on organisa un semblant de cagnote pour tenir
tête aux exotiques, et ceux que leurs revenus for-
çaient à une simplicité relative, dans la vie, purent se
procurer ainsi des subsides supplémentaires qui leur
permirent de marcher sur le même rang que leurs
rivaux.

Une folie spéciale caractérise chaque période de
l'humanité. La folie sensuelle caractérise, on ne saurait le nier, le Second Empire. On aurait tort, cependant, de s'emparer de cette constatation comme d'un
argument destiné à l'accentuation d'un blâme, d'un
jugement sévère concernant les êtres et les choses de
ce temps. Je ne crois pas que, dans leur ensemble, les
choses et les êtres de notre actualité, soient meilleurs

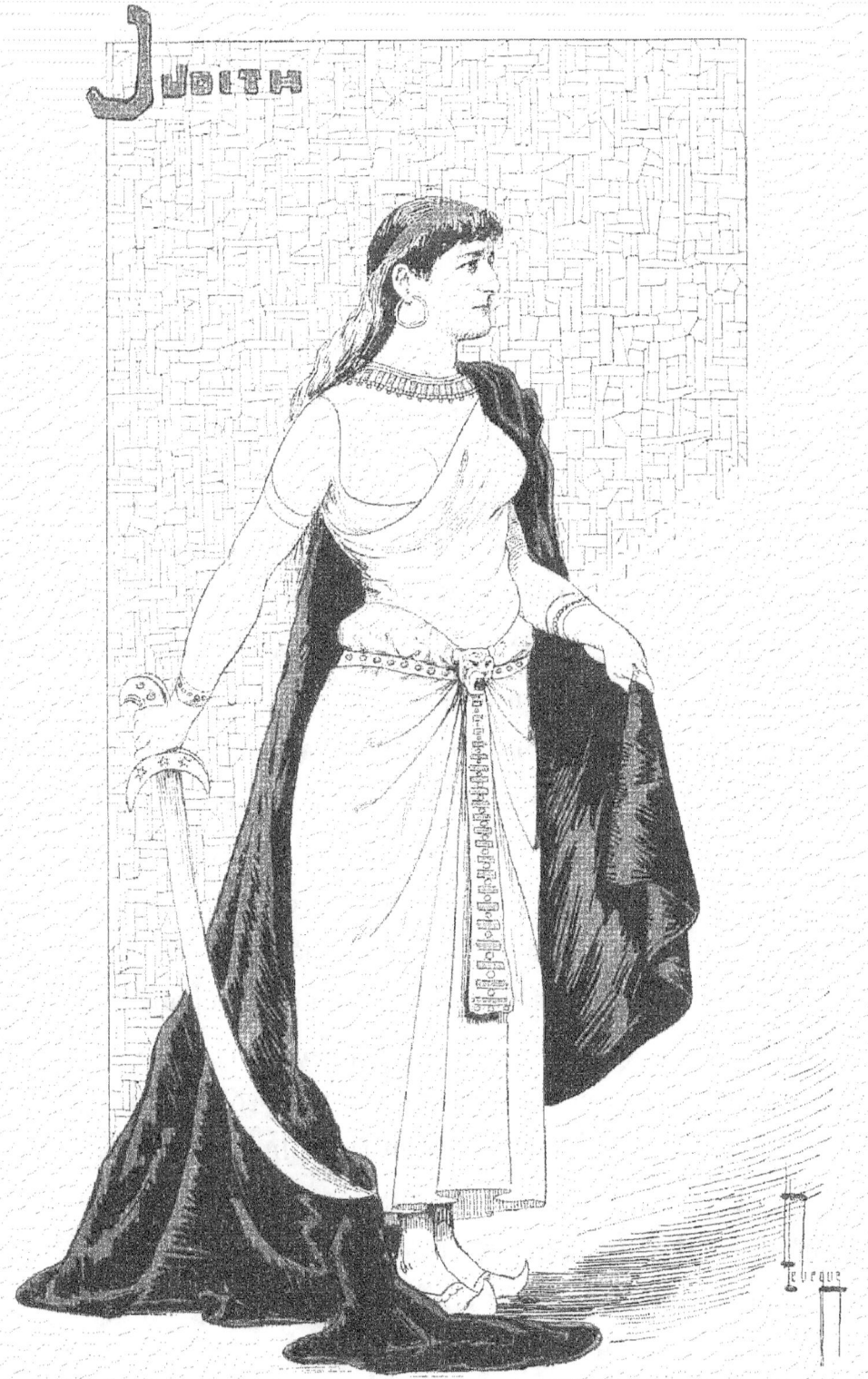

Costume de Judith, porté par Mme Bartholoni, dans les tableaux vivants qui eurent lieu
chez Mme la baronne de Mayendorf. (*D'après un document original.*)

que ceux d'hier. Les classes sociales, aujourd'hui, sont plus mêlées, partant moins en relief; il y a moins d'ostentation, plus de banalité dans les joies en faveur dans le monde spécial où l'on s'amuse, et s'il fallait établir la balance, selon l'expression commerciale, entre la débauche élégante d'autrefois et celle de notre présent, je ne sais si dans son expression absolue, si dans ses manifestations perverses, l'orgie d'antan n'apparaîtrait point comme une fadeur auprès des égarements et des curiosités de nos modernes jouisseurs. Il y avait, sous le Second Empire, comme une sorte de grandeur désintéressée, dans le plaisir, qu'on ne retrouve point aujourd'hui, dans les entraînements du corps ou de l'âme. On aimait, alors, l'argent, pour le dépenser sottement parfois, je le reconnais, mais, en définitive, pour le jeter à tous les vents sans souci du lendemain. On recherchait la femme, non stupidement, dans un désir de l'exhiber et d'en tirer un bénéfice de mondanité, mais pour s'en approprier toutes les séductions, pour la posséder dans le sens absolu du mot; et la femme elle-même se montrait plus ardente au désir et moins âpre à la reconnaissance monnayée de l'homme. Il y avait, en un mot, dans la joie, sous le Second Empire, une franchise qui n'est plus dans la joie d'aujourd'hui.

Il faut le dire, cependant, la jeunesse actuelle, plus

instruite, plus travailleuse que celle qui l'a précédée, plus préoccupée aussi d'affermir un avenir incertain, inquiétée par les multiples questions politiques et sociales qui se dressent menaçantes, ne saurait accepter, avec la même sérénité que sa devancière, l'ivresse qu'apportent les heures consacrées au plaisir. Elle ne s'attarde point en ces heures; et si cette attitude constitue une supériorité sur la jeunesse du Second Empire, il est juste de déclarer que cette supériorité lui appartient pleinement.

LES SULTANES

J'ai nommé plus haut quelques-unes des femmes qui
furent en vogue aux Tuileries. A côté de ces femmes,
et sur le même rang, il en était d'autres qui méritent
de n'être pas oubliées.

Mme la comtesse de Brimont est de celles-là. Très liée
avec le prince Napoléon qui appréciait son intelligence
et sa beauté, elle obtint ses entrées au château et mit
tout en jeu, dit-on, pour accaparer l'attention et le
cœur de l'Empereur. Des propos malins affirment
qu'elle réussit dans son entreprise. Mais si Mme de Brimont connut l'intimité de Napoléon III, on ne peut
considérer cette liaison comme l'une de celles qui
marquèrent dans la vie du souverain. Quoi qu'il en fût,
quelque temps après son apparition à la Cour, sous les
auspices d'Emile de Girardin, elle ouvrit ses salons

et y établit une sorte de cercle politique qui donna un moment, quelque inquiétude au pouvoir. Elle tenta d'attirer chez elle, alors, les femmes de l'entourage impérial et ce fut bientôt, rue du Cirque, où elle habitait, comme une succursale des Tuileries. Mais cette vogue un peu aventureuse dura peu. Les mondains qui se rendaient à la Cour n'avaient qu'un goût très modéré pour les choses sérieuses; ils s'ennuyèrent chez Mme de Brimont et désertèrent sa maison. Mais elle n'en persévéra pas moins dans ses intrigues et l'on sait qu'après la guerre de 1870, même, sous le gouvernement de M. Thiers et sous le Septennat du Maréchal de Mac-Mahon, elle s'occupa très ardemment de politique et fut mêlée à certains faits importants de cette époque.

Quatre femmes furent célèbres sous le Second Empire, par l'amitié, par l'intimité qui les unirent. Ce sont Mmes de Métternich, de Pourtalès, de Galliffet et de Poilly.

J'ai déjà parlé de Mme de Metternich et j'ai mis en évidence le rôle abominable qu'elle joua à la Cour de Napoléon III. Quant à Mmes de Galliffet et de Poilly, elles ne furent que des mondaines et leur seule beauté les désigne au souvenir du public.

Mme de Pourtalès que j'ai citée déjà, par sa situation de famille s'imposa davantage aux Tuileries. Elle fut

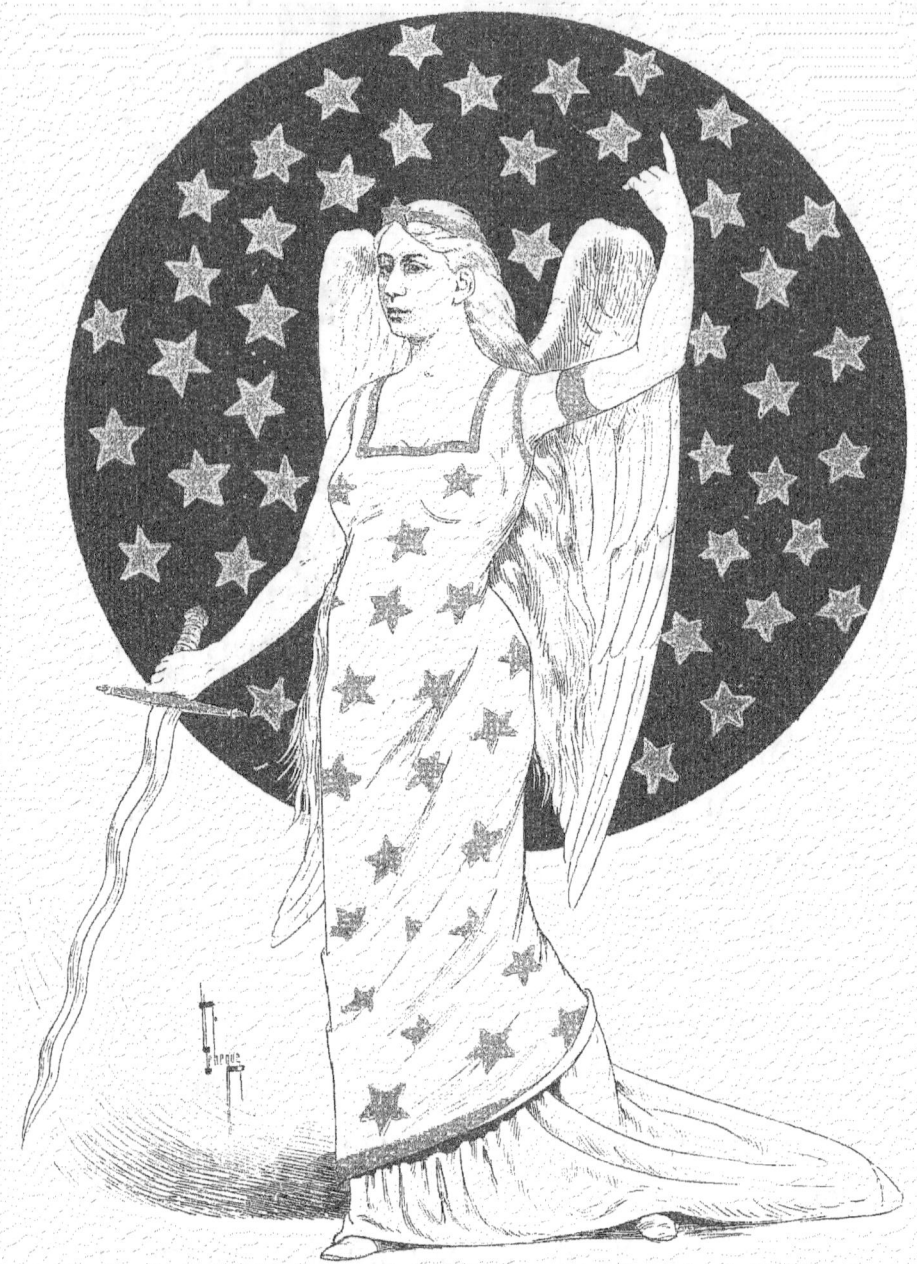

Costume d'Ange, porté par Mme la marquise de Galliffet, aux Tuileries. (*D'après un croquis original.*)

non seulement la plus adulée des femmes de l'entourage de l'Impératrice, mais l'une des plus observées
sinon des plus écoutées au point de vue politique. A
tort ou à raison, en effet, on lui supposait, sous le
Second Empire, des préoccupations internationales, et
ses liens de parenté et de famille avec les Allemands
la mettaient en évidence. Je crois qu'on a beaucoup
exagéré la pensée de Mme de Pourtalès, sous ce rap-
port, et que sa politique serait fort malaisée à définir.
Ses sympathies allemandes ne sont pas cependant
niables. Après la chute de l'Empire, ayant rencontré
l'Empereur Guillaume, à Bade ou à Ems, elle lui
rendit hommage et abandonnant presque entièrement
la France, elle s'installa dans sa propriété d'Alsace,
la Robertsau. Les souvenirs de la Cour des Tuileries
et des heures où elle marchait dans le triomphe des
hommages français, l'ont-ils suivie dans cette re-
traite? Mme la comtesse de Pourtalès seule pourrait
répondre à cette question. Ces souvenirs sont vivants
encore dans la mémoire de ceux qui l'admirèrent, jadis, et l'on parle toujours, dans le clan des anciens
familiers de l'Empereur, de ce bal fameux qui eut lieu
aux Tuileries en l'honneur du Tsar, en 1867, et au
cours duquel Mme de Pourtalès faisant vis-à- vis au
prince de Galles, dansa un quadrille inoubliable.

Mme la comtesse de Pourtalès avait été présentée à

l'Empereur et à l'Impératrice vers la fin de l'année 1859 et il existe au sujet de cette double présentation qui fut mouvementée, une lettre fort curieuse de M. le duc de Cambacérès, en date du 5 janvier 1860. Je la publie ici à titre de document intime et original.

« Mad. la C^{esse} de Pourtalès, écrit M. de Cambacérès, a été présentée à l'Empereur au Cercle diplomatique et par moi. La présentation s'est faite de la seule manière voulue en pareille circonstance, en nommant la dame à Sa Majesté. L'Empereur s'est approché de Mad. la C^{esse} de Pourtalès et lui a parlé, sachant parfaitement qui elle était. Je ne sais si ce détail de nomination a échappé à Mad. la C^{esse} de Pourtalès, qui s'attendait peut-être à un cérémonial plus compliqué et quoique j'aie prononcé son nom plus haut que ceux des autres dames présentes; je le regretterais par suite de l'incertitude qui est restée dans l'esprit de cette dame touchant la réalité de sa présentation à l'Empereur; mais, je le répète, cette formalité a été accomplie dans les formes consacrées par l'étiquette et par nos nombreux précédents.

« J'avoue que je n'oserais être aussi explicite en ce qui concerne la présentation à l'Impératrice. J'ai été témoin, sans malheureusement y pouvoir porter remède dans le moment, d'une manœuvre peu adroite faite par le premier maître des Cérémonies, lorsqu'il s'est agi de nommer Mad. la C^{esse} de Pourtalès à l'Impératrice. Sur ce point, je crois qu'une démarche de sa part auprès de Mad. la C^{esse} de Pourtalès pourrait et devrait mettre fin à ce regrettable incident qui n'a pas empêché, après tout, que l'Impératrice n'ait couvert de son indulgente tolérance, la forme tant soit peu irrégulière de cette présentation.

« Je ne vous cacherai pas que j'ai eu la pensée d'en dire, le soir même, deux mots à M. le Cte d'Ornano, bien convaincu que je lui rendrais service en le mettant à même de réparer spontanément une erreur assurément bien involontaire. Toutefois, il m'est aussi revenu à l'esprit que M. le ministre de Prusse n'était pas non plus complètement innocent de cette infraction à l'étiquette. Elle n'aurait pu être commise si, comme l'avis en avait été donné à MM. les membres du Corps diplomatique, Mad. la C^{esse} de Pourtalès s'était trouvée auprès du ministre au lieu d'être séparée de lui par un grand intervalle. Je m'étais, en conséquence, plu à espérer qu'en considération de cette circonstance atténuante, l'incident se terminerait entre nous, dépens compensés. Il paraît qu'il n'en sera pas ainsi. Je m'en affligerais; mais quoi qu'il advienne, on ne pourra établir l'irrégularité de la présentation à l'Empereur ni empêcher, relativement à la présentation à l'Impératrice, que le fond ne demeure acquis et ne puisse être remis en question, malgré le vice maladroit de la forme. »

Cette lettre si grave au sujet d'un incident fort banal en vérité — une forme plus ou moins correcte de présentation — montre l'importance que l'on attachait à la Cour à la personne de Mᵐᵉ de Pourtalès, et tendrait à confirmer les soupçons de ceux qui veulent que cette femme ait tenu un rôle politique aux Tuileries. Mais comme les preuves manquent pour établir ce point spécial d'histoire diplomatique, il est sage de ne voir dans la lettre du duc de Cambacérès qu'une simple discussion relative à un cérémonial mal compris ou manqué.

Dans les dernières heures du règne impérial, une beauté très vantée vint faire concurrence aux femmes dont le renom n'était plus à établir à la Cour. Il s'agit de Mᵐᵉ la comtesse de Beaumont, belle-sœur de M. le Maréchal de Mac-Mahon. Très artiste, très peu d'accord avec l'étiquette, malgré sa haute naissance, Mᵐᵉ de Beaumont révolutionna un peu les Tuileries par la liberté de son attitude et de son langage. Cependant, on l'eût prise parfois pour une madone et nulle mieux qu'elle ne savait jouer les ingénues. Mais, chez elle, l'ingénue était terrible. Les familiers des Tuileries se rappellent encore l'aventure dramatique dont elle fut l'héroïne. Accusée par son mari, le général de

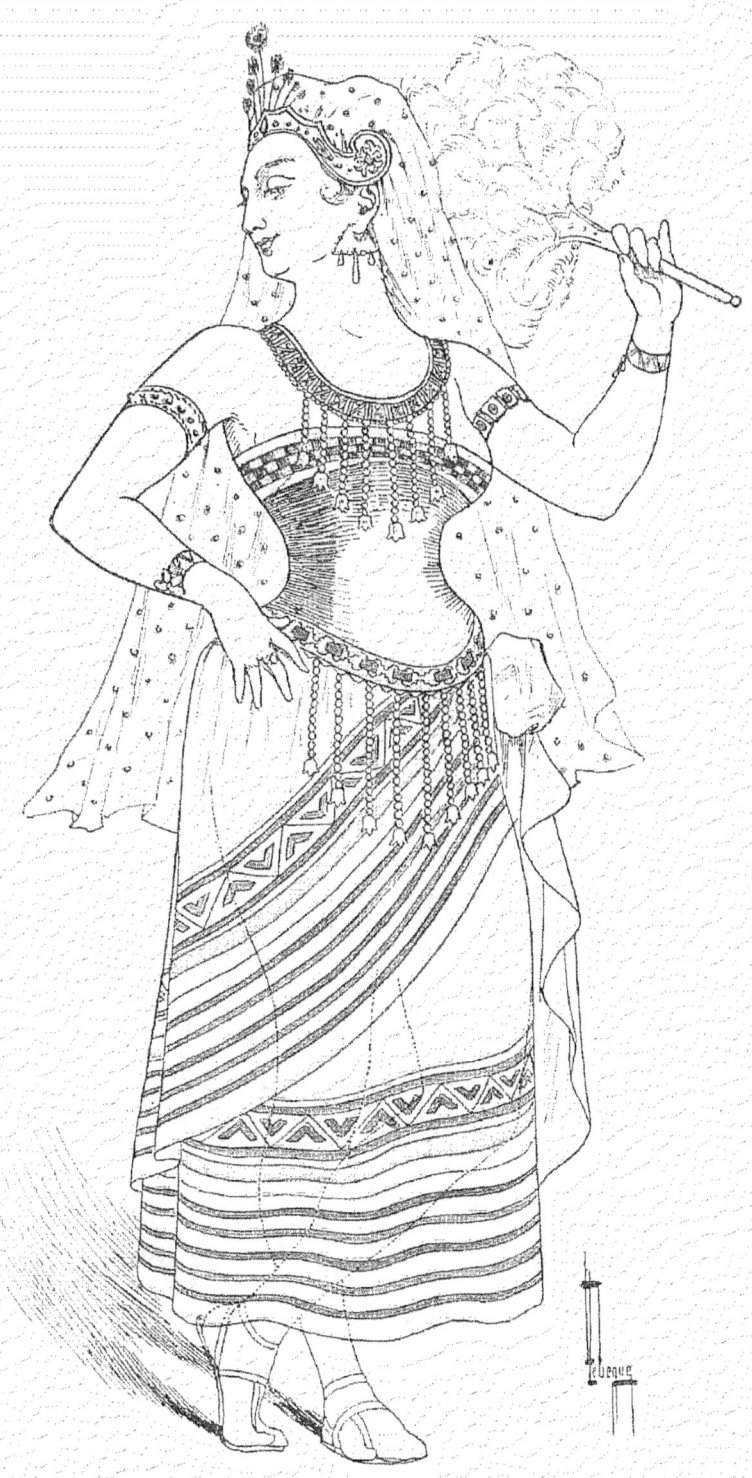

Costume de Sélika, de l'*Africaine*, porté par Mme la baronne de Poilly, en l'une des représentations de Compiègne. (*D'après des notes originales.*)

Beaumont, de poursuivre une intrigue avec l'un des plus fringants gentilshommes de la Cour, elle se vengea assez bizarrement de cette jalousie en prouvant à son mari qu'il se trompait sur l'identité de son rival. Elle lui livra la clef du petit meuble en lequel elle cachait ses lettres intimes, et le général, au lieu des billets qu'il attendait, qu'il espérait, trouva quatre lettres compromettantes qui l'étonnèrent et qui déterminèrent quatre duels. Deux de ces lettres étaient signées de MM. de Metternich et de Galliffet. Cet incident fit grand bruit, à la Cour, alors, et Mme la comtesse de Beaumont s'en consola en s'occupant davantage de choses d'art — elle sculptait assez adroitement — et en se mêlant de politique. Ainsi que Mme de Brimont, la politique l'intéressa plus spécialement après la guerre, et son salon, que fréquentait M. Gambetta, acquit bientôt une certaine célébrité.

Mmes de Montebello et de Morny furent également des plus brillantes parmi les femmes qui se pressaient autour de l'Impératrice.

Mme de Montebello fut la première femme qui reçut sa nomination de dame du palais, après le mariage de Mlle de Montijo. Très enjouée, très élégante, et très pieuse, elle s'attira un jour, à Rome, cette boutade de M. de La Valette : — « La comtesse de Montebello broderait volontiers, pour le Pape, une paire de pantoutles afin de lui prouver son dévoûment. » — Il est à son sujet, aussi, une anecdote amusante et qui montre bien le sentiment général dont s'inspiraient les femmes de la Cour dans les choses intellectuelles.

Un soir, à Fontainebleau, se trouvant dans la barque de l'Empereur et de l'Impératrice, sur le lac, en face de Mérimée qui récitait des vers, elle interrompit tout à coup l'écrivain pour s'écrier : — « Mon Dieu, quel malheur ! J'ai oublié de manger du fromage, au dîner, et j'en ai une envie folle. »

Cette exclamation, cette phrase peu en situation et venant ainsi couper la parole de Mérimée, provoquèrent un moment de gène qui eut un résultat dans les jours qui suivirent cette soirée : Mérimée ne pardonna jamais à Mme de Montebello sa fâcheuse inattention.

Lorsqu'elle mourut, elle fut assistée par l'Impératrice qui la soigna, durant sa maladie, avec une sincère affection. Ce fut l'Impératrice, aussi, qui apprit sa mort à son fils et qui, à Saint-Cloud, en l'embrassant maternellement, lui prodigua des consolations.

Quant à Mme de Morny, les survivants du Corps Législatif, sous le Second Empire, se souviennent encore de ses singes et de ses perroquets. Plus d'une fois, les singes de Mme de Morny, laissés en liberté, firent leur apparition dans les couloirs du Palais Bourbon et y troublèrent les discussions ou les intrigues.

Lorsque le duc de Morny s'éteignit, sa veuve se coupa les cheveux, les mit dans le cercueil et pleura longuement. On dit qu'alors elle ignorait les bonnes fortunes nombreuses de son mari, et l'on affirme qu'elle s'en vengea, lorsqu'elle les sut, en répudiant son nom.

Dans cette revue des femmes qui, sous le Second Empire, tinrent une place dans les mondanités de la Cour et de la ville, deux figures encore, à des titres divers, doivent être silhouettées. Ce sont Mme de R... et lady C...

La première, Mme la comtesse de R..., depuis fort dévote, quelque peu mauvaise et implacable, est très vivante toujours, et monte, chaque dimanche, correctement suivie d'un groom, l'escalier de la Madeleine, ce fameux escalier qui est aussi bien le chemin du bon Dieu que celui des amoureux — partant du Diable — pour aller écouter la messe d'une heure. Elle est devenue grave, son teint s'est coloré, sa mine s'est faite revêche et elle a une fille qu'elle a élevée rigidement.

Le vieux faubourg la connaît et les jeunes femmes, celles sur les lèvres desquelles le rire aime à se poser, la redoutent. Elle a des façons spéciales de regarder autour d'elle, d'inquisitorier ses amies; elle est intolérante et ses réflexions tombent sur les réputations les mieux établies ainsi qu'un acide sur une plaque de métal; sa langue, comme celle des fauves, écorche.

Et pourtant, aux jours où ses cheveux étaient longs, où ses dents étaient blanches, où ses joues étaient jolies et pâles, elle n'était ni dévote, ni mauvaise, ni implacable. Elle faisait risette au plaisir; elle étalait sa beauté dans les salons et à la Cour; elle avait une provision de petits bonnets qu'elle s'amusait à jeter par-dessus tous les moulins qu'elle rencontrait sur sa route; elle chantait juste, elle buvait sec, elle était l'héroïne d'histoires sans nom, selon l'expression de Barbey d'Aurevilly; elle lisait sa messe dans le bréviaire gaillard de M. de Brantôme, ajoutant, deci delà, quelques nouveaux chapitres au livre du vieux chroniqueur.

L'un de ces chapitres vaut d'être raconté.

C'était en 1866, au temps où la Prusse faisait la guerre à l'Autriche qui allait tomber à Sadowa; et la France contemplait, muette, ce tournoi gigantesque des deux peuples, en se croisant les bras.

Chaque soir, aux Tuileries, des fêtes mondaines envoyaient leurs flonflons par-dessus les rives de la Seine. Des femmes jasaient dans le salon de l'Impératrice, des élégants, des lettrés, des artistes s'agitaient autour d'elle, enfiévrés.

La comtesse de R..., seule, qui résidait en Autriche où son mari, en mission diplomatique, l'avait emme-

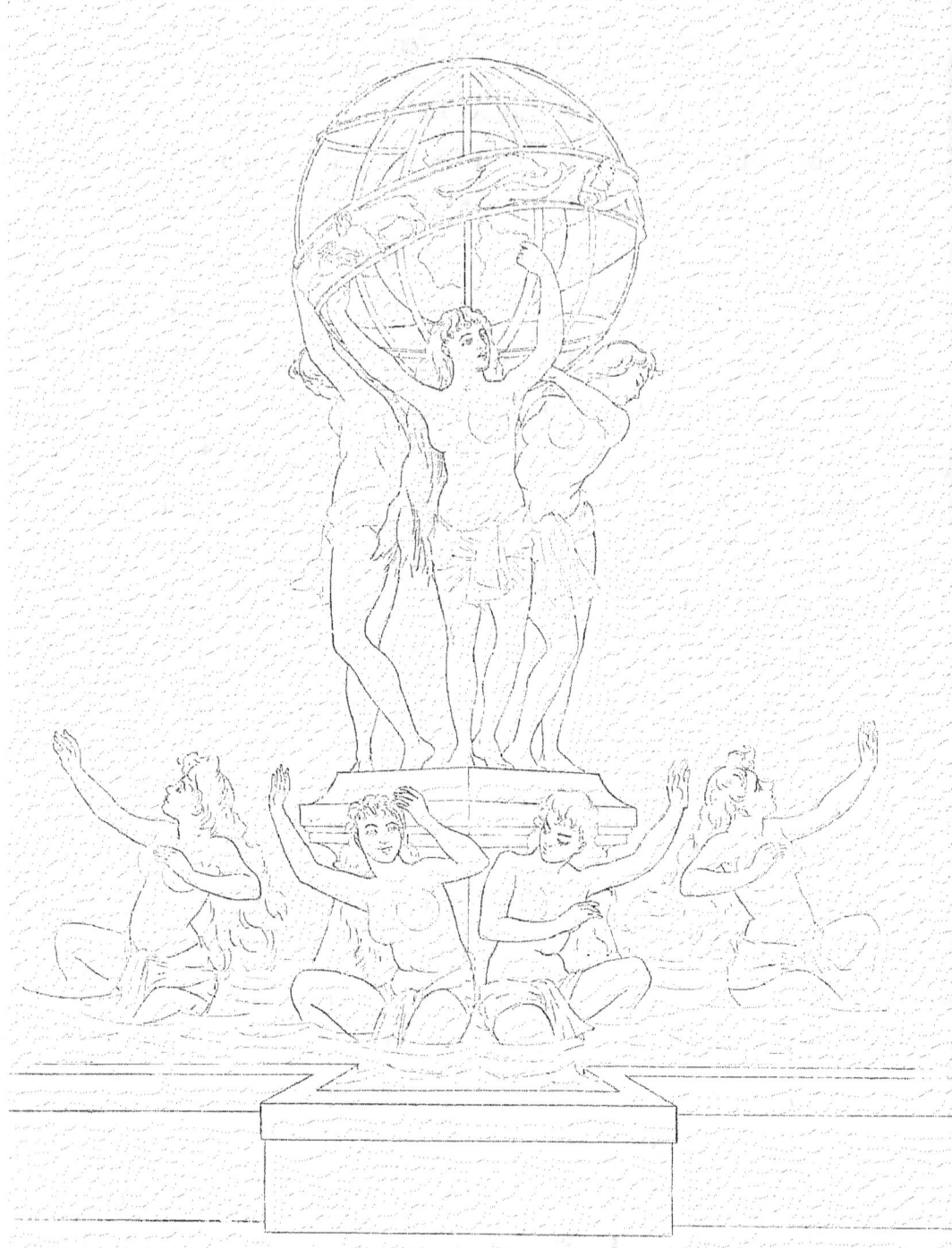

Les Cinq Parties du Monde, tableau représenté au Ministère de la Marine. (*D'après des notes originales.*)

née, manquait à ces rendez-vous. Ses admirateurs habi-
tuels se consolaient de son absence : le prince P... en
faisant jouer sa musique à l'Opéra ; le marquis de M...
en donnant des concerts au Conservatoire ; le marquis de C... en mangeant sa fortune, en composant
des fanfares de chasse ou en conduisant des cotillons.

Or, un soir, comme l'on devisait autour de l'Empereur, une étrange nouvelle vint rompre, sous la forme
d'une dépêche, la monotonie relative de la causerie.
Napoléon III, à qui cette dépêche était adressée, rapidement parcourut le papier ; puis, soudain sa face
s'empourpra, sa bouche se crispa et un rire bien
rare chez lui, un gros rire fou et prolongé, le secoua.
Et s'avançant vers le cercle des courtisans un peu
interdits, il parla ainsi :

— Mesdames et Messieurs, je ris et cependant je
devrais être grave. La comtesse de R..., notre amie,
loin de nous en ce moment, a failli être victime d'une
effroyable erreur de guerre. Elle est tombée dans une
embuscade de uhlans et tout un poste de ces vilains
hommes s'est rué sur elle, menaçant de la passer par
les armes.

Comme l'Empereur s'était tu, il y eut de petits cris
parmi les femmes. Seule, la princesse de Metternich,
qui était la compagne de la comtesse de R... à Paris,
eut un sourire malin.

Le souverain reprit :

— Sachez donc que Mme de R..., ayant trouvé original de franchir, dans un panier attelé de quatre poneys,
les lignes ennemies, a été faite prisonnière par le premier poste de uhlans qui l'a aperçue. Exposée à être
prise pour une espionne, elle s'est nommée. Et l'on
me rend compte de l'aventure. Il n'y a rien là que de
très naturel; mais voici le piquant de l'histoire. Comme
l'état-major prussien ordonnait qu'on délivrât la comtesse, notre amie déclara qu'elle ne partirait pas, que
le poste et son contenu lui plaisaient fort, qu'elle
avait grand'faim et qu'elle souperait avec les officiers;
qu'enfin elle ne rentrerait chez elle qu'après s'être
reposée. Et ce qu'elle a dit a été fait. Mme de R... a
bu, mangé et fraternisé avec les soldats du roi de
Prusse.

Et comme les auditeurs se récriaient, sceptiques :

— Messieurs, dit l'Empereur, ne vous moquez pas
et rendez hommage à Mme de R... Celui qui m'écrit est
bien informé et il me confie tout bas, qu'en cette nuit,
les officiers du poste de uhlans ont été vaincus par
notre amie.

Quant à lady C..., elle parut d'abord aux chasses de
Compiègne et, comme tant d'autres femmes, brillantes
amazones, elle se servit de son talent en équitation
pour captiver l'attention de Napoléon III.

Ainsi que Mme de R..., elle vit encore, et c'est pourquoi, son existence ayant été fort accidentée, je ne la
nomme pas.

Elle eut, sous le Second Empire, son heure de puis-
sance. Soudainement jetée hors de la demeure d'un galant homme qui l'aimait et qu'elle avait outragé, elle
vint en France et grâce au nom qu'elle portait, grâce
aussi à des complaisances secrètes, elle força le seuil
des Tuileries. Le maître la vit et la voulut; comme
elle n'était là que pour être voulue, elle ne fit pas traî-
ner le marché qu'on lui proposait. Elle fouilla le cœur
de cet homme éternellement épris de féminité, que
seule, la femme faisait humble. Mais son rêve fut
court. Sedan l'emporta avec la vomissure de flamme
de ses canons, et les régiments qui chargeaient le
broyèrent sous les sabots de leurs chevaux.

Elle fut l'une des dernières maîtresses de l'Empereur,
et elle montre encore chez elle, en une vitrine, la tasse
en laquelle Napoléon III, au camp de Châlons, but son
café, comme aussi le collier de diamants qu'il avait
enroulé à son cou, un soir, à Fontainebleau.

Après la guerre, elle revint s'établir de nouveau à
Paris où elle fit de la politique exotique, de cette politique à laquelle on ne prend pas assez garde en France,
de cette politique de salon et d'alcôve dont la femme a
le secret, que la femme sait rendre redoutable, que

sa bouche distille, avec des caresses, ainsi qu'un poison insaisissable qui s'empare des hommes d'Etat et les jette, pêle-mêle, dans la sanglante confusion des batailles.

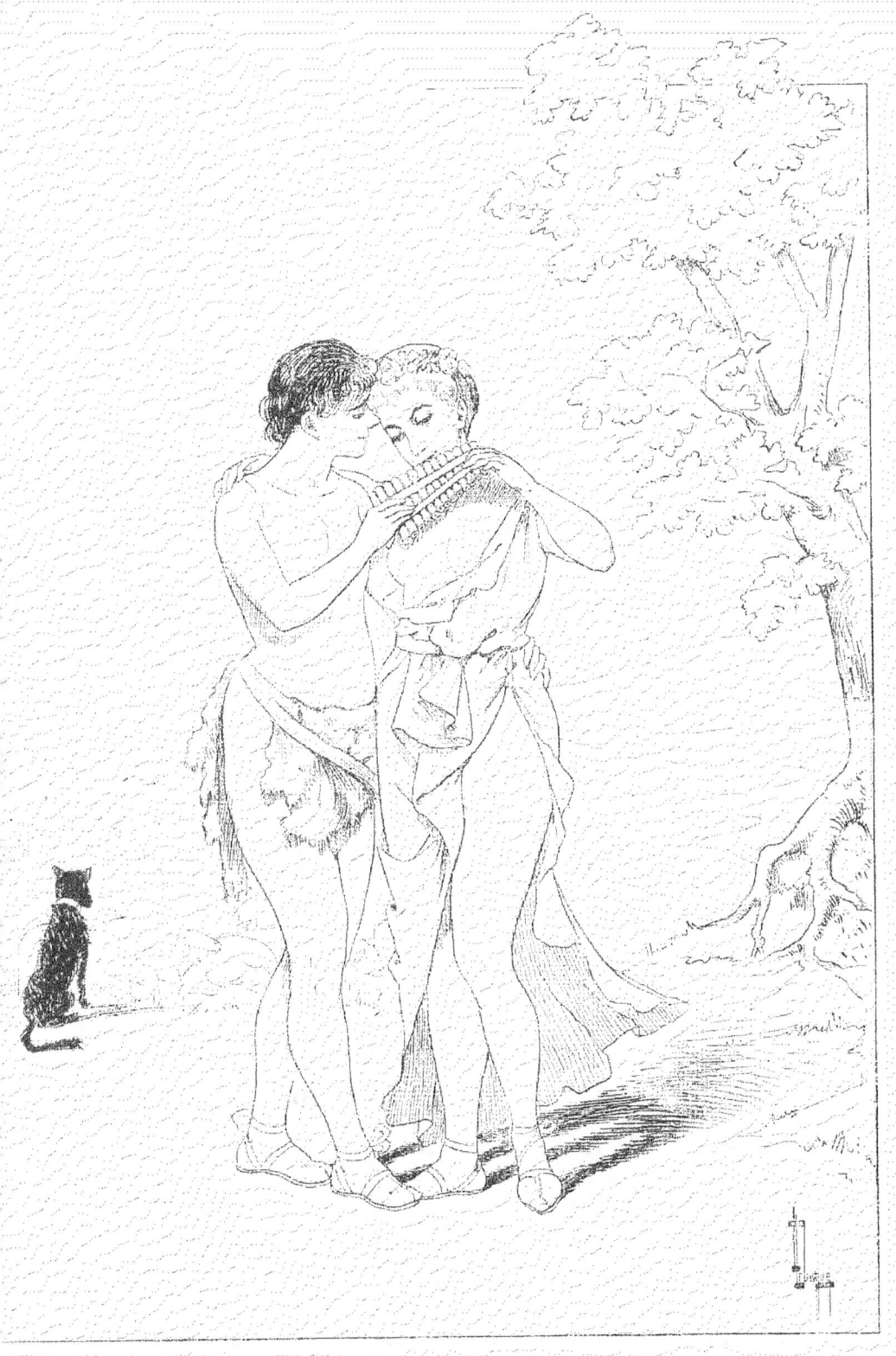

Daphnis et Chloé, tableau représenté aux Tuileries. (*D'après des notes originales.*)

MADAME DE PAÏVA

Lady C..., quoique admise aux Tuileries, était placée
socialement, moralement surtout, fort près des limites
qui séparent les femmes de salon des femmes profes-
sionnellement galantes, des demi-mondaines. La revue
de celles qui, parmi ces dernières, jetèrent de l'éclat,
alors, serait longue à passer et je ne veux point la tenter
ici, réservant cette étude pour un prochain volume :
La Société parisienne sous le Second Empire. Cependant, il est trois de ces femmes : Mmes Musard, de Païva.
et Marguerite Bellengé, qu'il est impossible de ne point
citer, qu'il est impossible de ne point silhouetter,
parce que les destinées qui furent les leurs les mettent
hors rang, les éloignent de la vie banale que se parta-
geaient et que se disputaient, souvent, leurs rivales en
beauté, en esprit et en amour.

Mme Musard était une américaine qui, ayant épousé
le chef d'orchestre des bals de l'Opéra, fils d'un célèbre
meneur de quadrilles, résolut de faire fortune non en
économisant sur les appointements de son mari, mais
en exploitant sa beauté qui était réellement merveilleuse. Elle édifia vraiment sa renommée et ses richesses fort habilement. S'étant installée tant bien
que mal, plutôt mal que bien, et ayant loué une voiture au mois, elle se montra partout, dans Paris, au
Bois, au théâtre, au Salon, aux courses, et les adora-
teurs ne tardèrent pas à la remarquer et à lui offrir
tout ce qu'elle pouvait désirer.

Lorsqu'elle eut, dans le demi-monde, la place qui
lui convenait, elle se donna un train superbe et ses
équipages, ainsi que ses réceptions, furent vantés à
l'égal des réceptions et des équipages des plus hautes
personnalités de l'aristocratie. Son luxe d'intérieur
était inouï; ses toilettes indiquaient la mode et elle fut
certainement l'une des plus étincelantes étoiles que le
hasard faisait apparaître, périodiquement, au firma-
ment du Second Empire. Mais dans cette lumière, mais
dans cette apothéose, marchaient invisibles et tragiques,
pourtant, la folie et la mort — une mort affreuse —
celle qui s'abat d'abord sur les yeux avant de s'emparer de l'âme. Mme Musard, en effet, devint aveugle
son visage tant aimé et qui portait son triomphe de

baisers comme un défi, s'immobilisa, s'obscurcit, s'enlaidit de cette laideur particulière à ceux qui ne voient pas, de cette laideur chercheuse et inquiète, impassible et triste, et dans cet effondrement de son être physique, sa pensée s'émietta et la laissa sans intelligence. Cette existence succédant à une autre si pleine de joie ne dura pas longtemps pour elle, heureusement. Reléguée dans une maison de santé, elle y agonisa bientôt et Paris apprit, indifférent, un matin, que celle qu'il avait tant admirée n'était plus.

Mme de Païva eut une destinée moins dramatique ; mais ses débuts dans la vie ne furent pas exempts de tristesse.

La femme qui devait, sous le Second Empire, acquérir une célébrité sous le nom de « marquise de Païva » était allemande d'origine, je crois, et se trouva, misérable, jetée un soir sur le pavé parisien, vagabonde, à la recherche d'une aventure et prête à accepter celle qui viendrait apporter un dérivatif à sa détresse.

C'était au temps où le bal Mabille flamboyait et lançait à la nuit les flonflons de ses quadrilles. La future Mme de Païva, dans sa promenade anxieuse, vint à passer près de cet établissement chorégraphique et s'arrêta méditative, devant l'entrée où s'engouffraient des cou-

ples rieurs et heureux, des femmes tapageusement
vêtues, des hommes ayant bien dîné. Comme elle
suivait du regard la cohue joyeuse des habitués de
Mabille, et comme elle allait peut-être continuer sa
route, un homme fit halte auprès d'elle et se prit à
la dévisager.

Eut-elle, en cet instant, la divination de son avenir?
Eut-elle comme l'impression inexpliquée et inexpli-
cable que l'homme qui était là, devant elle, allait être
l'édificateur de sa destinée? On pourrait le croire si
l'on s'en rapporte à la conduite qui fut la sienne ·
alors.

Ayant soutenu, durant quelques secondes, le regard
de son admirateur, elle se tourna résolument vers lui
et sans attendre qu'il commençât une conversation qui
semblait indiquée, elle lui adressa la parole.

— Monsieur, lui dit-elle, je voudrais visiter le bal
Mabille, mais je voudrais le visiter seule. Or, comme
je n'ai pas le premier sou pour payer mon entrée et
comme je ne suis pas familière de ce lieu, voulez-vous
me rendre le service de me conduire au guichet, de
solder mon droit de passage, sans exiger que je vous
consacre ma soirée?

L'homme ne comptait pas sur l'originalité de cette
proposition. La demande de la jeune femme le surprit.
Il réfléchit; puis, comme prenant son parti de cette

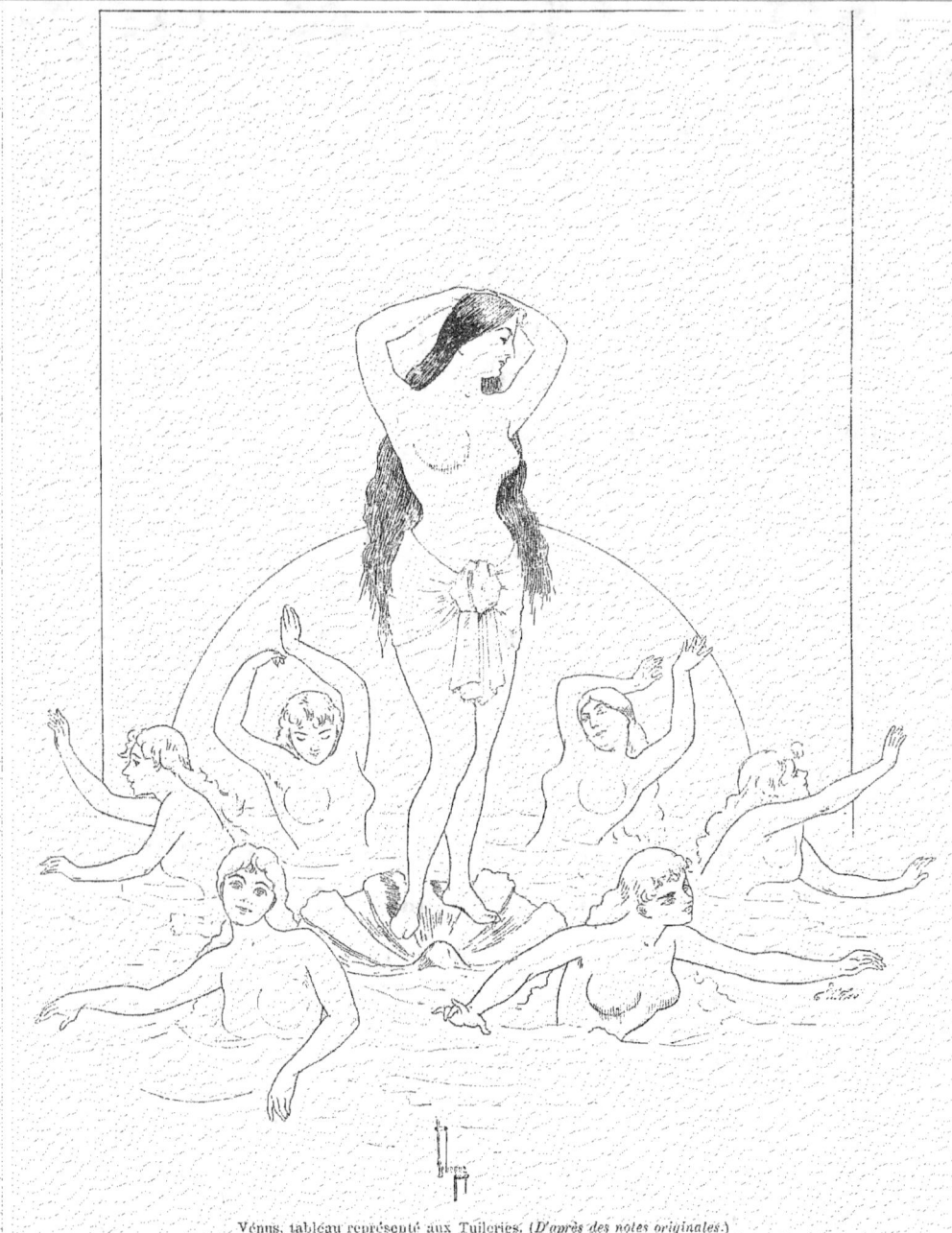

Vénus, tableau représenté aux Tuileries. (*D'après des notes originales.*)

aventure sans profit personnel, il accéda à la prière qui lui était faite et s'étant incliné devant sa compagne d'une minute, il la quitta ainsi qu'elle le souhaitait.

L'étrange promeneuse avait déjà fait plusieurs fois le tour des palmiers en tôle qui bordaient le pourtour de l'orchestre, au milieu du jardin, et fatiguée, s'était assise sur l'un des bancs qui couraient autour du parquet couvert, sans paraître avoir été remarquée, lorsqu'un homme très élégant l'ayant frôlée, la vit, se retourna, revint sur ses pas et s'assit à son côté, engageant avec elle, un entretien dont le sens était facile à deviner.

Ce second interlocuteur plut sans doute à la jeune femme. Elle lui répondit et sortit du jardin à son bras.

Cet homme se nommait Henri Herz. Lorsque la pauvre vagabonde se réveilla, elle était sa maîtresse. Elle avait de la beauté, elle avait de l'esprit, elle était supérieurement intelligente surtout, et après une liaison fort sérieuse avec le musicien, elle en fit, religieusement, comme une sorte de mari. Un diplomate, le comte de Valbom, fut même le témoin de cette union.

Cependant, si la rencontre de la jeune femme et de Henri Herz avait eu un résultat heureux, leur mariage n'eut pas la même félicité. A la suite de dissentiments intimes, une séparation s'imposa aux deux époux et dès lors, celle qui s'était vue misérable à Mabille, à son entrée non dans un bal public, mais dans la vie, pourrait-on dire, lancée, connue et célébrée, ne fut plus embarrassée dans l'existence.

Libre, désormais, ou à peu près, elle se trouva en présence du marquis de Païva, le séduisit, devint sa maîtresse, comme elle avait été celle d'Henri Herz, et prit son nom qu'elle garda et qu'elle rendit fameux. Le marquis ne la gêna point trop, et lorsqu'il mourut, quelque temps après cette liaison, il lui abandonna tous ses biens.

Ce fut pendant qu'elle était la maîtresse du marquis que Mme de Païva connut M. le comte Henckel et qu'elle en fut aimée. Aussitôt après son pseudo-veuvage, il la prit avec lui et en fit la femme éblouissante et fastueuse que l'on sait.

L'ayant installée dans une merveilleuse demeure — dans l'hôtel célèbre des Champs-Elysées — il l'autorisa à recevoir et ce fut chez elle, alors, le défilé de toutes les personnalités masculines et éminentes du Second Empire. La chronique affirme même que quelques femmes de la Cour et du monde tentèrent d'être admises aux réceptions de Mme de Païva; mais la marquise refusa toujours d'élargir son cercle en leur faveur, caractérisant davantage peut-être son individualité bizarre, par cette sorte de dédain.

L'Empereur, un soir, vint chez elle, paraît-il. Mais, oubliant, on ne sait pour quelle raison, le chemin de sa demeure, il n'y retourna point.

Lorsque la guerre éclata entre la France et l'Allemagne, le comte Henckel, grand seigneur prussien, quitta Paris et Mme de Païva le suivit dans ses propriétés de Silésie. Ils vécurent là, en ermites, un peu, et ignorés.

Mais le nom de Mme de Païva et celui du comte Henckel furent de nouveau prononcés après la campagne. La paix étant signée entre les deux nations, et l'Alsace-Lorraine ayant été annexée à l'Allemagne, on apprit soudain à Paris que l'empereur Guillaume avait désigné le comte Henckel comme devant occuper les fonctions de gouverneur des pays conquis et que, sans plus s'inquiéter de sa compagne que si elle n'existait pas, M. de Bismarck l'avait fait pressentir au sujet d'un mariage avec l'une de ses très proches parentes. Mais le comte Henckel aimait vraiment Mme de Païva. Il répondit à l'empereur Guillaume et à M. de Bismarck par un refus, et ce fut à la suite de cet incident qu'il reparut à Paris avec sa maîtresse.

Sa présence parmi nous, faillit provoquer une émotion diplomatique et l'on parla d'expulser du territoire français le comte et son amie. Mais, protégé par M. Thiers qui n'ignorait pas, cependant, la haine qu'il

avait, durant la guerre, manifestée contre nous, le
comte Henckel put demeurer à Paris sans être inquiété ;
renonçant à habiter l'hôtel fameux des Champs-Elysées,
il loua, au gouvernement, la Maison-Blanche du Bois de
Boulogne, située près du Moulin, en bordure de l'hippo-
drome de Longchamps, et il s'y installa. On sait que
cette maison fut celle de M. le baron Haussmann, lorsqu'il était préfet de la Seine, et qu'il en laissait la dis-
position à ses filles qui l'habitaient pendant l'été.

Mais le retour du comte Henckel et de Mme de Païva
ne fut, parmi nous, que de courte durée. Tous deux
reprirent, bientôt, la route de Silésie et c'est dans la
tristesse et dans le froid de ces contrées que celle qui
avait été l'une des divinités du plaisir, sous le Second
Empire, mourut.

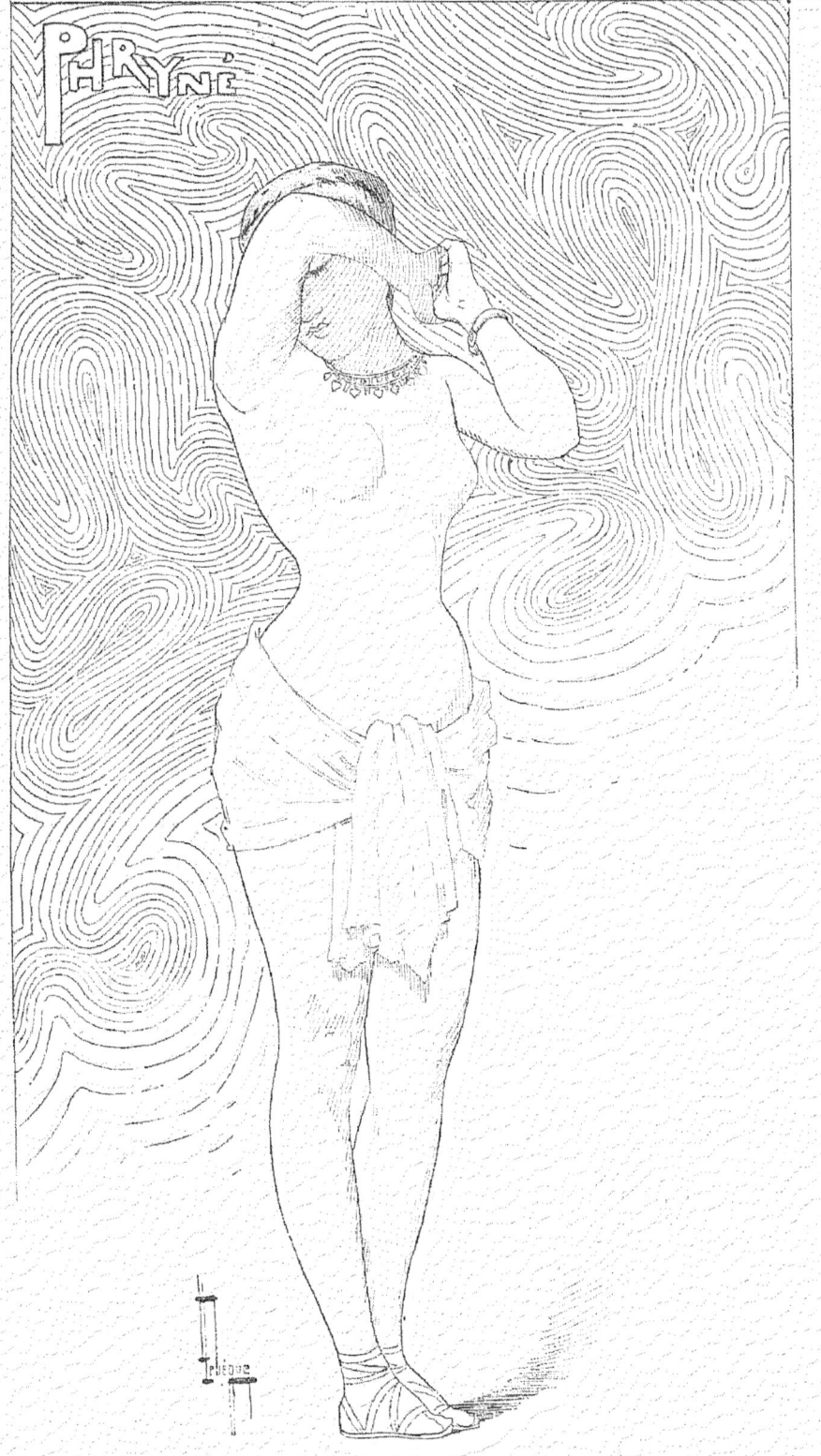

Phryné, tableau représenté aux Tuileries. (*D'après des notes originales.*)

MARGUERITE BELLENGÉ·

De Mlle Marguerite Bellengé, je ne retiendrai qu'une chose : son influence sur l'Empereur, les autres et très nombreuses, mais aussi très vulgaires particularités de sa vie n'étant pas ignorées et ayant été rapportées un peu de toutes les façons.

Je rectifierai cependant, à son sujet, un point d'histoire intime : la manière dont elle fit la connaissance de Napoléon III.

On a dit que cette rencontre eut lieu, par hasard, un jour de pluie aux Champs-Elysées. L'Empereur se promenant à pied, avec son chef de cabinet, M. Mocquart, et surpris par un orage, s'étant abrité sous un arbre, aurait été aperçu par Mlle Bellengé qui serait venue à lui et lui aurait posé, sur les épaules, un manteau. On a raconté, également, que Mlle Bellengé aurait été présentée à l'Empereur par le comte Bacciochi et

que pour rendre son apparition originale, elle se serait
avancée vers le souverain, en imitant les clowns, en
marchant sur les mains, exhibant ainsi et dès la première minute, toute la séduction de ses dessous. Ni
l'un ni l'autre de ces deux récits ne sont exacts.
Mlle Bellengé fut amenée à l'Empereur d'une façon
beaucoup plus simple que ne l'indiquent ces deux
légendes pittoresques.

Mlle Marguerite Bellengé était, sous le Second Empire, une « cocotte » de deuxième ordre, blonde, jolie,
d'une beauté calme de vierge, sous les bandeaux de
cheveux qui entouraient son front. Rien ne semblait la
préparer aux destinées extraordinaires qui l'atten-
daient, lorsqu'elle se lia avec un officier de la Maison
de l'Empereur, avec l'un des plus brillants acteurs du
théâtre de Compiègne, M. D...

Cette liaison eut même alors, à la Cour, un certain
retentissement.

M. D..., en effet, était marié et le peu de précautions
qu'il mettait à se compromettre avec sa maîtresse, lui
attira les observations de l'Impératrice.

La réponse du familier qui n'aimait plus sa femme
et qui n'aurait pas demandé mieux que d'avoir un
motif pour obtenir une séparation, fut typique.

Comme l'Impératrice lui reprochait sa conduite et
lui disait :

— Vous êtes un coureur et votre femme que vous abandonnez est fort malheureuse. Que feriez-vous, cependant, si, usant de représailles, elle vous imitait et se consolait avec un galant?

M. D... répliqua avec quelque cynisme :

— Madame, je supplierais qu'on décorât ce galant.

Or, l'Empereur ayant appris le roman de M. D... lui dit, un jour, brusquement :

— Il paraît que vous êtes un heureux homme, mon cher D..., et que vous avez une maîtresse délicieuse. On ne parle que d'elle au château. Serait-ce indiscret de souhaiter de la voir?

M. D... n'eut garde de refuser à Napoléon III la satisfaction qu'il indiquait, et c'est ainsi que Mlle Bellengé lui fut présentée.

L'Empereur la complimenta, plaisanta avec elle et railla même avec malice ses amours ; puis, on sait ce qui advint. M. D... ne reparut point chez la jeune femme et ce fut, auprès d'elle, un autre plus puissant et plus dispensateur de faveurs et d'argent qui le remplaça. On sait, également, l'influence que Mlle Bellengé exerça sur le cœur et sur l'esprit de Napoléon III. Cette influence, en somme, n'a jamais été complètement expliquée et je n'ose ici, lui donner la raison qui lui manque encore.

L'Empereur n'était point, en amour, un raffiné. C'est

23

peut-être même à cette indifférence, dans la recherche de sensations violentes, qu'il faut attribuer son inconstance apparente vis à vis des femmes, le peu d'importance qu'elles eurent dans les actes sérieux de sa vie, en dehors de l'autorité imposée par l'impératrice Eugénie, autorité qui prenait sa force dans des considérations étrangères aux choses de la chair.

Quels moyens, quels philtres employa donc Mlle Bellengé dans l'accaparement de cet homme?

Il est presque avéré qu'elle s'empara de lui, en prêtant, justement, à l'intimité qu'elle lui offrait des attraits que toutes celles qui l'avaient précédée, n'avaient point su ou voulu faire agir, et qui ne leur avait même point été demandés. Il est avéré que l'Empereur, tombé dans les mains d'une savante amoureuse, prit goût à la science qui lui était révélée et se laissa envahir par le besoin de cette science.

Quoi qu'il en fût, Mlle Bellengé devint la maîtresse attitrée, et hors Cour, de Napoléon III, et elle joua avec son impérial amant, comme une femme très mûre joue avec l'adolescent dont elle est l'initiatrice et qui lui prodigue ses premiers baisers.

L'Empereur, en effet, redevenait naïf presque, devant cette femme, sans volonté pour résister à ses caprices, sans autorité pour lui marquer des limites dans l'intimité de sa vie.

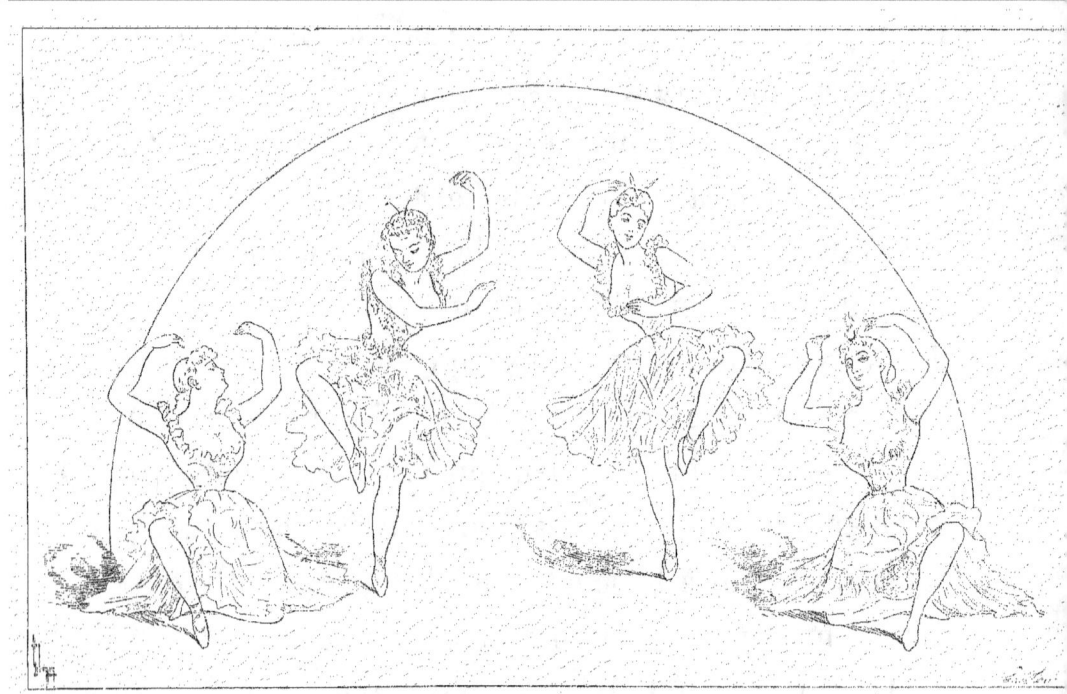

Les Éléments, tableau représenté à l'Hôtel d'Albe. (*D'après des notes originales.*)

A Saint-Cloud, où Marguerite Bellengé logeait, non loin du Palais, pendant les séjours de la Cour, l'Empereur s'échappait furtivement, s'en allait la retrouver et c'étaient alors, entre lui et sa maîtresse, comme des gaîtés d'enfants. On renvoyait les domestiques, on faisait la « dînette » et c'était Napoléon III qui dressait le couvert et qui servait.

Durant une saison que l'Empereur passa à Vichy, les choses s'aggravèrent tellement qu'elles firent scandale ; et lorsque Napoléon III revint à Paris, l'Impératrice qui avait appris l'attitude de son mari dans cette ville, ne put que l'accueillir par ces mots :

— Vous vous êtes conduit ainsi qu'un écolier.

L'Impératrice, dans cette circonstance, n'avait point tort et il faut avouer que l'Empereur avait été plus qu'imprudent pendant son séjour dans cette localité.

Mlle Bellengé, installée dans le parc et mettant de côté toute réserve, affichait ouvertement et systématiquement sa présence, paradant devant la foule des promeneurs qui se massaient pour « voir la maîtresse de l'Empereur. »

Pendant ce temps, Napoléon III étirant sa moustache, marchait non loin de la jeune femme, de long en large, et ne la quittait pas du regard. Lorsque Mlle Bellengé jugeait qu'il en était assez, pour elle, de curiosité ou d'admiration, elle sortait du parc, se dirigeait vers

un but incertain en apparence, mais en réalité rejoi-
gnait sa voiture et s'engageait sur la route de l'Ardoi-
sière ou sur celle de Randan. L'Empereur, de son côté,
agissait de même et, à un lieu convenu d'avance, les
deux attelages se trouvaient côte à côte comme si le
hasard les avaient réunis.

Une après-midi, l'audace de Mlle Bellengé s'affirma
davantage. On la vit, tout à coup, se présenter en voiture devant le châlet de l'Empereur et ayant fait ap-
peler l'officier de service qui se trouvait justement
être, ce jour-là, son ancien ami, M. D..., elle lui or-
donna d'aller informer Napoléon III qu'elle désirait
l'entretenir immédiatement. Vainement, M. D... lui
fit observer que l'Empereur étant en conférence avec
M. Rouher et quelques ministres, il lui était impossible de le déranger.

Mlle Bellengé eut alors un geste impérieux et s'écria :

— Ah, tu m'embêtes avec tes ministres. Va dire, à
l'instant, à l'Empereur, que je veux le voir, ou bien je
te jure que je ferai moi-même ma commission.

Cette femme était capable d'oser cette incartade.
M. D.., qui la connaissait, se résigna à l'obéissance et
quelques moments s'étant écoulés, on aperçut l'Empereur qui, ayant interrompu sa conférence, sortit du
châlet, se rendit jusqu'auprès de Marguerite Bellengé,
l'introduisit dans sa demeure et la fit entrer dans un

petit salon qui se trouvait situé à gauche de la porte principale. C'est à dessein qu'ici je précise.

Quelques jours après cette scène, Mlle Bellengé ayant annoncé qu'elle organisait chez elle une fête, ce fut à qui, parmi ceux qui entouraient l'Empereur, lui enverrait des fleurs et des cadeaux. Cette réception fut, en effet, ce qu'elle promettait d'être, fort belle et fort réjouissante. On y mangea, on y but, on y joua et on y aima beaucoup.

Cependant, la félicité de Mlle Bellengé ne fut pas complète. Elle avait remarqué, avec dépit, l'absence de trois officiers de la Maison de l'Empereur à qui, pourtant, elle avait envoyé des invitations. Ces officiers étaient M. le général Lepic, M. le baron de B... et un autre dont le nom m'échappe.

La jeune femme résolut de se venger de ce dédain, et le lendemain même une occasion s'étant présentée à elle, pour mettre à exécution son projet, elle s'en empara.

S'étant croisée, dans sa promenade habituelle, avec M. le baron de B... qui était à cheval, elle saisit le fouet de sa voiture et cingla, violemment, la monture de M. de B... La bête s'emporta, s'abattit et roula avec son cavalier dans un fossé.

L'incident causa une certaine émotion dans l'entourage de l'Empereur.

M. Mocquart fut l'un de ceux qui ne le déplorèrent pas et qui, au contraire, trouvèrent dans cette brutalité comme une leçon donnée aux collets-montés de la Cour.

— Vous n'avez que ce que vous méritez, dit-il à M. de B.., de qui je tiens ce récit; cela vous apprendra à faire « la bégueule. »

Puis, il ajouta :

— Veillez sur vous, mon cher monsieur; votre « bégueulerie » vous portera malheur.

M. Mocquart ne se trompait pas. M. de B... qui devait être décoré cette année-là, eut le chagrin de se voir oublié dans la distribution des honneurs périodiques et officiels.

On a prétendu que de l'intimité de l'empereur Napoléon III et de M{ lle} Marguerite Bellengé était né un enfant, un fils, et cette affirmation fut assez accréditée un moment, à la Cour, pour que l'impératrice Eugénie s'en inquiétât et décidât d'en connaître la vérité ou la fausseté.

Faisant abstraction de toute révolte personnelle, de toute susceptibilité, elle se rendit chez M{ lle} Bellengé qui alors habitait rue Vernet, et je rapporte, ici, presque textuellement, le récit qu'elle fit elle-même, à l'une de ses amies, M{ me} la comtesse X..., de cette visite.

— Rien, dit-elle à M{ me} X..., ne m'empêchera

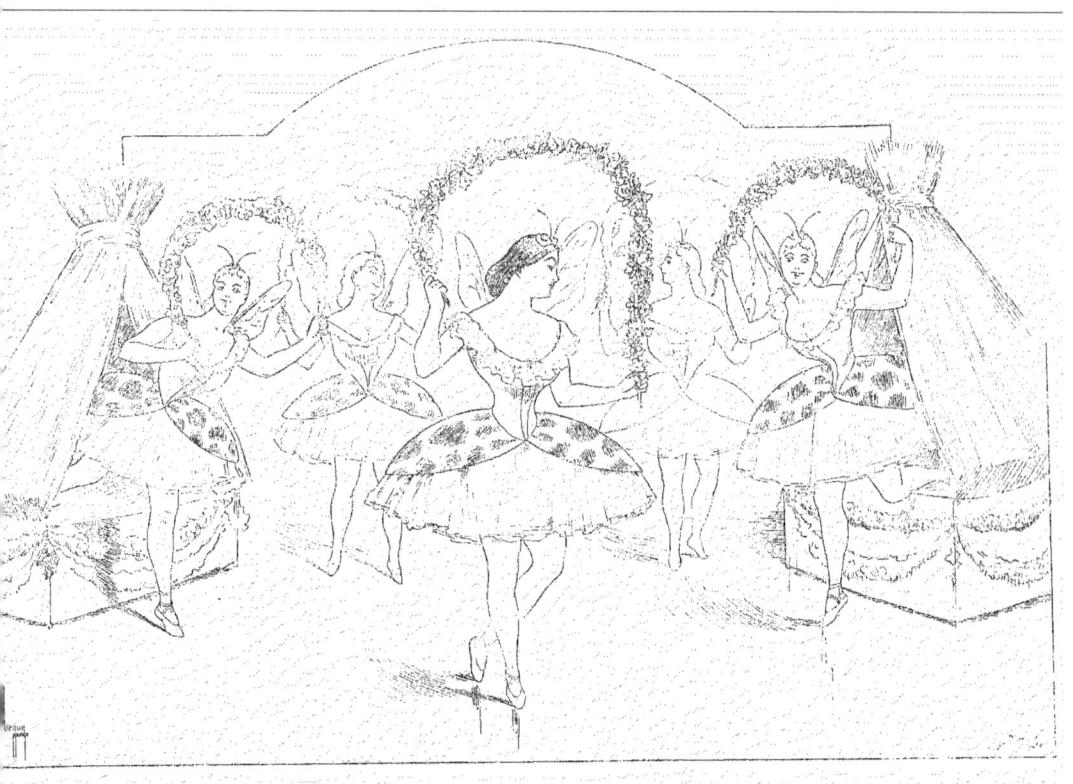

Le Ballet des Abeilles, représenté aux Tuileries. (*D'après un document original.*)

de faire la lumière sur la liaison de l'Empereur avec Mlle. Bellengé. Je crains que cette femme ne soit funeste à mon mari. Je crains, surtout, l'existence de cet enfant dont on parle tant et qui pourrait, dans l'avenir, être un sujet d'embarras pour mon fils. S'il m'est prouvé qu'il vit réellement, si toutes ces choses que l'on répète ne sont point des mensonges, je prendrai, je le déclare, toutes les mesures qui sont en mon pouvoir pour empêcher que cet enfant ne se pose, plus tard, devant le prince impérial, comme son frère.

Et faisant allusion à M. de Morny, elle ajouta :

— C'est assez, comme cela, d'un bâtard dans la famille. L'un a réussi à l'Empereur; l'autre pourrait nuire à mon fils.

Ce fut dans ces sentiments, donc, que l'Impératrice se présenta chez Mlle Bellengé.

Un matin, dans la voiture couleur marron dont elle se servait toujours lorsqu'elle voulait sortir incognito, et très voilée, elle se fit conduire rue Vernet, au domicile de la célèbre demi-mondaine.

L'Impératrice s'étant nommée à Mlle Bellengé, il y eut tout d'abord de la part de la jeune femme, un étonnement profond, auquel succédèrent une méfiance naturelle, une inquiétude qui eurent pour résultat un accès de mauvaise humeur assez nettement exprimé et une conversation quelque peu animée.

L'Impératrice exigeait des aveux, voulait savoir, et Mlle Bellengé se refusait à une confession, ne fournissait aucun renseignement capable de tranquilliser ou de troubler davantage son interlocutrice.

Cependant, le premier choc amorti entre les deux femmes, l'entretien prit une forme plus calme, presque sentimentale.

L'Impératrice fit appel aux pensées d'honnêteté de Mlle Bellengé, cessa de lui parler en souveraine hautaine et puissante, en femme outragée dans son intimité, en rivale, pour lui arracher la vérité, et la courtisane émue, courbée soudain devant cette Majesté qui ne redoutait pas de venir ainsi à elle, dans une humiliation, lui déclara qu'elle n'avait rien à craindre pour l'avenir, que nul enfant n'était né de ses relations avec l'Empereur et qu'elle ne serait elle-même jamais, pour Napoléon III, une cause de tristesse.

L'Impératrice ayant, enfin, la certitude que ses soupçons n'étaient pas fondés, se leva et se disposa à prendre congé de Mlle Bellengé.

Mais comme elle allait la quitter, elle se retourna vers elle et lui saisissant la tête dans ses deux mains, elle l'embrassa.

Alors, la jeune femme se prit à pleurer, et s'étant agenouillée, baisa plusieurs fois la robe de la souveraine.

Tel est le récit exact, fait par l'Impératrice elle-même, de cette entrevue étrange.

La souveraine rapporta, d'ailleurs, de cette visite chez Mlle Bellengé, une impression indulgente sinon entièrement favorable.

— Cette pauvre femme a passé, avec tant d'autres, entre l'Empereur et moi, dit-elle, comme l'ombre du malheur. Cependant, elle n'est point mauvaise consciemment. C'est la vie qui est responsable du mal qu'elle a pu ou peut faire.

En dehors de toute considération d'intérêt, Mlle Bellengé aima sincèrement l'Empereur et lorsqu'il mourut, elle ne se détacha point de son souvenir. Devant son cercueil, à Chislehurst, on se rappelle qu'une femme en noir vint se prosterner et pleurer. Cette femme était Mlle Bellengé, et le sentiment très humain qui la conduisit, simple amoureuse oubliée, devant les restes de celui qui l'avait adorée et à qui elle devait tout, alors que tant d'autres, parmi les hommes, furent indifférents et ingrats, doit lui être compté sinon comme une réhabilitation, du moins comme le désir d'un pardon.

De ces pages, il ne faudrait pas tirer une conclusion trop défavorable, je le répète, à la société du Second Empire qui, en définitive, ne fut ni plus mau-

vaise, ni plus dépravée, ni plus insouciante de ses
devoirs que les sociétés qui l'ont précédée ou que
celle qui l'a suivie.

Il ne faudrait pas, surtout, ici, entendre que l'empereur Napoléon III, dans ses faiblesses d'homme privé,
faiblesses qu'on ne pourrait sans déraison lui imputer
à crime, fut oublieux de ses obligations de souverain
ayant la charge d'un grand peuple.

Sa vie eut deux parts bien distinctes : l'une tout
entière appartient à la femme; l'autre fut toute et
dans la même mesure, au pouvoir, au gouvernement.

Malgré ses entraînements ou ses imprudences, l'empereur Napoléon III ne se déroba jamais aux soucis,
aux travaux qui lui étaient imposés par les affaires et
c'est là une constatation que les philosophes impartiaux
ne devront point négliger, lorsqu'ils écriront l'analyse
de son règne.

Les hommes affirment qu'il est noble de mourir
pour une idée, pour un idéal. Les femmes déclarent,
avec non moins d'énergie, qu'il est beau et charmant
de se donner à elles.

' Une idée et les femmes tuèrent l'empereur Napoléon III. Les femmes récompensent le mort qui les
aima, en couvrant de larmes sa tombe; une idée,
même dans l'avortement de son exécution, vaut la
gloire souvent à celui qu'elle hanta. Quel sera le ju-

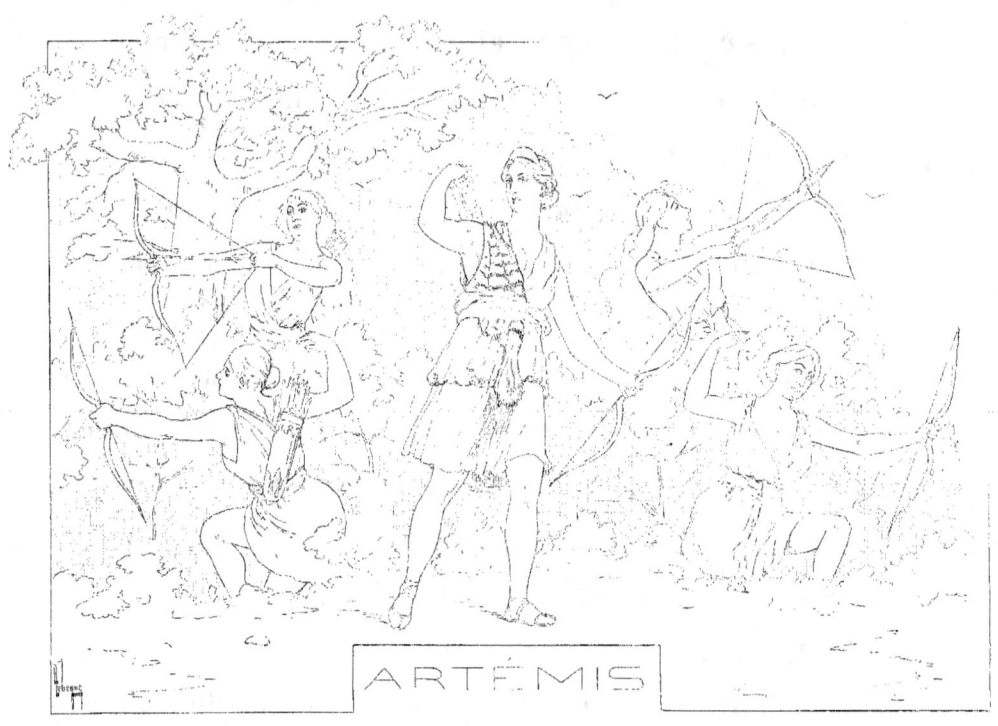

Diane, tableau représenté aux Tuileries. (*D'après un document original.*)

gement de l'Histoire devant la figure de l'empereur Napoléon III? Déjà, une plus juste appréciation de sa vie a calmé les haines que sa chute dramatique avait provoquées. L'avenir jettera-t-il sur sa mémoire quelques larmes et un peu de gloire, dans une satisfaction suprême offerte à son âme perdue dans l'infini?

FIN

TABLE

Imprimé pour H. Simonis Empis, Éditeur,
sur les presses de Chamerot et Renouard, imprimeurs à Paris.
(Novembre 1892)

www.ingramcontent.com/pod-product-compliance
Lightning Source LLC
Chambersburg PA
CBHW071557220526
45469CB00003B/1043